석가모니 인생수업

석가모니 인생수업

석가모니가 세상에 남긴 삶의 지혜

석가모니 저 - 김지민 엮음

HIGHEST

지금 우리가 살고 있는 현대 사회를 세 단어로 요약하자면 발전, 압박, 지속가능성이 아닐까 합니다. 빠른 기술 발전으로 인해 많은 부가 창출됐습니다. 부자인 사람은 더 부자가 됐고 가난한 사람은 더 가난해졌습니다. 물질적인 것뿐만 아니라 영혼의 크기도 비슷합니다. 마음이 충만한 사람은 더 충만해졌으며 마음이 가난한 사람은 더 가난해졌습니다. 그 속에서 느끼는 경제적, 영혼의 압박은 실로 어마어마할 것입니다.

이러한 혼돈 속에서 많은 사람이 정신적, 육체적 건강을 유지하기 위해서 지속 가능한 방법을 찾고 있습니다. 마음을 관리하는 명상 앱이 유행하고 SNS에 성인군자, 철학자의 이야기가 넘쳐납니다. 쇼펜하우어, 니체 같은 철학자의 이야기를 책으로 펴낸 적이 있습니다. 저 역시 어떻게 하면 이 혼돈 속에서 건강하게 살아갈지 알고 싶었기 때문입니다. 그렇게 지혜로운 사람들에게 관심을 가지다가 석가모니라는 인물이 떠올랐습니다.

석가모니, 싯다르타, 부처, 붓다 여러 호칭으로 불리지만 종교의 의미로 접근하는 것보다는 깨달음을 얻은 석가모니라는 한 인물에게 집중하기로 했습니다. 인간 존재의 근본적인 고통과 원인을 깊게 파악한 석가모니의 생각은 현대 사회에서 물질적 성취와 외부적 인정에 매몰되어 자신의 진정한 필요와 감정을 소홀히 하는 현대인에게 반드시 도움이 될 거라고 생각합니다. 점점 더 심해지는 개인주의에 석가모니의 자비와 연민은 타인을 이해하는 좋은 방법이 될 거라고 생각합니다. 그뿐만 아니라 석가모니가 전하는 다양한 깨달음은 내면의 평화를 지킬 수 있도록 도와줄 것입니다.

법구경이라고도 알려진 담마빠다(Dhammapada)는 경전 가운데 오래된 것 중 하나입니다. 숫따니빠따(Sutta-nipata) 역시 경전 가운데 오래된 것 중 하나입니다. 이 두 개의 경전뿐 아니라 다양한 경전 및 논서를 참고했습니다. 석가모니의 깨달음을 제 관점에서 현대인에게 적용해 에세이 형식으로 풀어낸 글도 있고 석가모니의 깨달음을 그대로 옮긴 글도 있습니다. 부디 내면의 평화를 찾고자 시작한 저의 공부와 글이 여러분에게도 도움이 되길 바랍니다.

차례 들어가며 · 05

1장

" 무소의 뿔처럼 혼자서가라 "

2장

" 삶에 힘을 빼라 "

3장

" 지금을 살아라 "

4장

" 진짜는 조용하다 "

석가모니 인생수업

: 석가모니가 세상에 남긴 삶의 지혜

" 무소의 뿔처럼 혼자서가라 "

> " 금화가 소나기처럼 쏟아져도
> 인간의 탐욕은 채울 수 없다.
> 순간의 달콤함 뒤에 훨씬 많은 고통이 뒤따른다. "

- 석가모니 -

■ 행복과 선택

가히 도파민 시대다. 자극적인 것에 중독된 수준을 넘어서 자극이 온 세상을 지배하고 있다. 책을 읽는 사람은 점점 줄어들고 있으며 사람들은 어떤 일을 진득하게 하지 못한다. 참을성 결핍과 자극에 대한 욕망은 이성적 선택을 마비시킨다. 더 높은 자극을 추구하고 더 재밌고 더 빠르고 더 화려한 것에만 관심을 둔다. 몸에 좋지 않은 음식을 먹으면 당장은 기분 좋아도 각종 질병에 노출되기 쉽다. 과도한 소비도 비슷하다. 단기적으로는 즐거움을 줄 수 있

지만 장기적으로는 금전적인 부담, 자원 고갈, 환경 파괴
같은 문제를 야기한다. 모든 일은 훗날 반드시 대가를 치
르게 되어있는 것처럼 탐욕과 쾌락에 집중된 선택 역시 마
찬가지다.

　인간의 끝없는 탐욕은 진정한 행복을 방해하는 요소 중
가장 큰 부분에 해당한다. 더 큰 집, 더 나은 차, 더 많은 소
득을 추구하며 진정으로 중요한 것들을 간과하기 때문이다.
진정한 만족이 없는 상태에서 탐욕에 가득찬 물질적 소유는
자신의 마음과 정신을 어지럽히기만 한다. 진정한 행복은
순간의 만족이 아니라 지속 가능한 내면의 평화에서 비롯되
기 때문이다. 아무리 많은 물질적 풍요 속에 있어도 종종 불
안과 불만족을 경험하는 것도 같은 맥락이다.

　순간적인 쾌락이 끝나고 남는 것은 공허함과 더 큰 갈망
뿐이다. 현대사회에서 순간적인 만족을 추구하는 것은 쉽
다. 하지만 자신의 내면을 들여다보고 진정한 만족이 무엇
인지 고민하는 것은 어려운 일이다. 탐욕, 물질적 풍요, 쾌
락은 잠시의 행복을 제공한 뒤 새로운 욕구를 낳을 뿐이다.

잠깐의 행복을 위한 선택을 계속 내리다 보면 훨씬 더 많은 고통이 뒤따를 것이다.

02

" 마음에 좋고 나쁜 것을 따지지 말라.
좋은 것에서부터 슬픔이 생기고,
근심이 생기고, 속박이 생겨난다. "

- 석가모니 -

■ 정신적인 속박에서 벗어나기

흔히 무언가를 평가하거나 바라볼 때 이분법적인 사고에 얽매인다. 좋다, 나쁘다 두 가지로 판단하는 것이다. 이러한 판단은 빠르게 습관이 되고 그런 습관은 마음을 계속 불안하게 만든다. 내가 내 마음을 속박해서 스스로를 괴롭히는 셈이다. 좋은 것을 추구하는 것은 잘못된 일이 아니지만 인간의 마음은 본래 자유롭고 무한한 가능성을 품고 있다. 천천히 사유하지 않고 빠르게 이분법적으로 받아들이는 것은 스스로를 제한하는 꼴이 된다. 삶을 더 풍요롭고 다채롭게 만들지 못한다.

　석가모니의 깨달음은 여기서 그치지 않는다. 좋은 것에
서부터 슬픔이 생기고 근심이 생기고 속박이 생겨난다는 건
좋은 것에 대한 경계심을 뜻한다. 나쁜 일은 누구나 경계하
지만 좋은 일에 대해서는 그러지 않는 경우가 많기 때문이
다. '좋다'고 인식하는 순간 좋은 건 아무런 의심 없이 받아
들이기 마련이다. 좋은 것은 즐거움과 만족을 주기 때문이
다. 하지만 좋은 것들에 대한 무분별한 포용과 습득은 오히
려 더 큰 슬픔과 근심, 정신적 속박을 만들어낼 수 있다. 때
로는 안 좋은 것보다 좋은 것이 더 큰 슬픔과 근심의 근원이
될 수 있다.

　사회적으로 성공한 한 사람이 있다고 가정해 보겠다. 좋
은 직장에서의 성공, 사회적 인정, 물질적인 풍요를 이룬 사
람이다. 그 사람은 자신이 이룬 성취에 만족할 것이고 그것
으로부터 기쁨을 얻을 것이다. 하지만 동시에 자신이 가진
것을 잃을까 봐 끊임없이 걱정하고 몸과 마음 둘 다 쉬지 못
할 것이다. 자신이 가진 좋은 것에 계속 집중하다 보면 두려

움과 걱정만 늘어갈 뿐이다. 결국 정신적인 평화를 해치고
계속해서 내적 갈등을 하게 만든다.

  석가모니의 가르침은 정신적인 속박에서 벗어날 수 있는
좋은 방법 중 하나다. 좋은 것과 나쁜 것에 대한 판단을 내
려놓고 그 순간을 있는 그대로 받아들이는 것이다. 좋은 것
이라는 아름다운 포장지로 다가오는 것 중에 집착, 소유, 애
착, 슬픔, 근심을 가장한 것이 생각보다 많다. 좋고 나쁘다
는 판단을 내려놓고 모든 것을 주의 깊게 바라봐야 한다. 판
단하지 않고 관찰하는 것만이 스스로를 해방시키는 길이다.

03

" 어리석은 자는 나쁜짓을 하고 나서도 그 결과가 나타나기 전에는 꿀 같이 생각한다. "

- 석가모니 -

■ 마음의 평화와 조화로운 삶

옛날에 암수 한 쌍의 비둘기가 나무 둥지에 살았다. 두 비둘기는 부지런했기에 비상시에 먹을 음식을 둥지에 채우기로 결심하고 열심히 과일을 모았다. 하지만 아무리 열심히 과일을 모아도 점점 쌓이는 것이 아니라 오히려 점점 줄어드는 것이다. 어느 날 수컷은 암컷을 의심하면서 이렇게 말한다.

"과일을 얼마나 열심히 모았는데 너는 왜 혼자 먹고 절반만 남겨두었는가?"

이에 암컷은 대답한다.

"나는 혼자 과일을 먹지 않았다. 저절로 줄어든 것이다."

하지만 수비둘기는 이를 믿지 않고 분노에 차서 결국 부리로 암비둘기를 쪼아 죽인다. 며칠 후 큰 비가 내리자 건조해져 말라버렸던 과일이 다시 부풀어 올라 둥지를 가득 채웠다. 그것을 보고서야 수비둘기는 비로소 후회를 한다.

"내가 어리석어 너를 죽였구나."

경전에 있는 비둘기 이야기가 시사하는 바는 크다. 인간은 종종 작은 것에 집착하고 그것으로 인해 다툼과 갈등을 일으킨다. 하지만 이러한 어리석음은 결국 고통과 슬픔으로 이어진다. 주변 사람들에게 해를 끼치는 것뿐만 아니라 자신의 삶을 파괴한다. 어리석다는 것은 생각보다 많은 고통의 근원이 된다. 현명한 사람들과 함께 할 때면 마음의 평화를 이루고 조화로운 삶을 살 수 있지만 어리석은 자와 함께 하면 불필요한 갈등과 혼란에 빠질 가능성이 높다. 내적 평화가 쉽게 깨지는 것이다. 올바른 방향으로 나아가고 지혜로운 삶을 살기 위해서는 어리석은 것과 멀리해야 한다. 어리석은 사람을 멀리하고 나 자신의 선택과 행동이 어리석지 않은지 되돌아봐야 한다. 훗날 거대한 재앙으로 돌아오기 전까지는 꿀처럼 느껴질 테니.

04

" 손가락 한 번 튕기는 사이에
마음은 960번 움직인다. "

- 석가모니 -

■ 마음의 변덕스러움

세상에서 가장 빠르게 변하고 변덕스러운 것은 무엇일까?

삶? 인생? 가치관? 자본의 흐름? 세상이 변하는 속도? 기술의 발전? 많은 것을 떠올리겠지만 사실 그 무엇도 아니다. 가장 빠르게 변하고 변덕스러운 것은 바로 우리의 마음이다. 손가락 한 번 튕기는 사이에 마음은 960번 움직인다는 것은 마음이 얼마나 빠르고 변덕스러운지를 보여주는 가장 좋은 말 중 하나다.

　마음이 빠르게 변한다는 것을 이해하는 건 현대인에게 꼭
필요한 일이다. 우리가 경험하는 스트레스, 불안, 걱정뿐만
아니라 긍정적인 감정인 기쁨, 행복 또한 순간적인 것이라
는 인식할 수 있기 때문이다. 인식할 수 있다는 건 이해할
수 있다는 것이고 이해하면 이러한 감정들에 휩쓸리지 않고
중심을 잡고 살아갈 수 있다. 모든 감정이 일시적이라는 것
은 근심과 기쁨에 너무 깊이 매달리지 않아야 한다는 뜻이
기도 하다.

　세상에서 가장 빠르게 변하는 것이 마음이라는 걸 인식하
는 순간 변화를 두려워하지 않게 된다. 아무리 환경이 끊임
없이 변하더라도 그 안에서 저항하기보다는 그 변화 자체를
받아들일 수 있게 되는 것이다. 내 마음이 변하는 것을 받아
들인다는 것은 내가 겪는 순간을 평화롭게 만들 수 있다. 마
음이 원래 빠르게 변하는 거라는 걸 인식하지 못하는 사람
은 마음이 변할 때마다 자주 혼란을 느끼고 집중하기가 어
렵기 때문이다. 하루에도 수십번 수백번 혹은 수천번 마음

이 변하는가? 괜찮다. 원래 마음은 그런 것이니까. 나뿐만 아니라 타인도 그렇게 마음이 자주 바뀌며 내적 변화와 싸우고 있을 것이다.

05

" 나의 결점을 알려주고 꾸짖어주는 이를 만나거든 보물 지도와 같이 대하라. "

- 석가모니 -

■ 비판받을 용기

칭찬은 고래를 춤추게 한다는 말이 있다. 인간뿐 아니라 동물, 심지어 식물도 예쁘고 좋은 말을 좋아한다. 반면 비난 받는 일은 누구든 좋아하지 않는다. 비난 받는 그 일이 터무니 없는 것이 아니라 실제로 존재하는 자신의 결점이더라도 지적받는 것은 편안한 경험이 아니다.

하지만 세상에 완벽한 인간은 존재하지 않는다. 누구나 결점을 가지고 있고 부족한 면이 있으며 종종 실수를 저지르고는 한다. 내 행동이 옳고 그름을 떠나서 비판을 받는 순간 방어적인 태도를 취하는 것은 인간의 본능에 가깝다. 본능적인 반응이라는 것은 이해할 수 있지만 그런 태도를 오래 취하다 보면 중요한 교훈을 놓치게 만든다. 비판을 개인적인 공격이 아니라 나의 성장과 발전의 기회로 보지 못하는 것이다. 인간은 지극히 주관적인 존재다. 자기가 자기 자신을 가장 잘 알고 있다고 생각할지 모르지만 때로는 타인이 보는 모습이 오히려 더 정확할 때가 있다. 자기 자신은 스스로를 긍정적인 사람이라고 생각하는 한 사람이 있다. 스스로 생각하기에 자신은 더 없이 긍정적인 사람이지만 타인의 눈에는 습관처럼 부정적인 말을 자주 뱉는 사람일 수도 있다. 만약 그 순간 타인에게 지적을 받았다면 나는 아닌데 왜 저런 말을 할까? 생각하기 쉽다. 어쩌면 생각은 긍정적으로 하더라도 자신도 모르게 부정적인 말을 뱉는 사람일 수도 있는 것이다. 방어적인 태도를 취하면 영원히 자신의 언행을 고치지 못할 것이다. 그뿐만 아니라 스스로는 긍정적인 사람이라고 오해하면서 살아갈지도 모른다. 타인의 눈에는 전혀 그렇게 보이지 않을 수도 있는데 말이다.

인간은 끊임없이 성장하고 변화하는 존재다. 비판은 그 과정에서 나를 도와줄 수 있는 좋은 도구 중 하나다. 누군가가 나를 꾸짖거든 그 내용이 공정한가를 판단하는 것은 옳지만 절대 수용하지 않으려고 자신을 방어하는 건 옳지 못하다. 어떻게든 자신의 성장에 도움이 될 부분을 찾아내려고 노력해야 한다. 살아가면서 비판을 피할 수 없다. 예상치 못한 순간에 그것을 마주할 때 깊은 내면을 탐험할 수 있는 기회라고 생각하자. 조금 더 성숙해질 수 있다.

06

" 사랑하는 사람은 만나지 못해 괴롭고
미워하는 사람은 만나서 괴롭다.
그 누구도 가지지 말라. "

- 석가모니 -

■ 소유와 내면의 평화

사랑하는 사람은 곁에 두고 싶다. 반면 미워하는 사람은
최대한 멀리하고 싶다. 관계에서 오는 괴로움은 이것으로
부터 시작한다는 것을 알고 있다. 하지만 이성적인 판단에
근거해서 항상 올바른 행동을 할 수 있는 것은 아니다. 인
간은 본능적으로 사랑과 애착을 추구하기 때문이다. 사랑
하는 사람을 만나지 못해서 괴롭다는 것은 관계는 불확실
성과 불안정성을 내포하고 있다는 것이다. 사랑하기 때문
에 갖고 싶어 하지만 가질 수 없기 때문에 마음이 괴로운

것이다.

　반면 나를 괴롭게 하는 사람과의 만남은 분노나 불쾌감을 유발한다. 미움이나 분노는 내 내면을 해친다. 정신적, 감정적 건강을 악화시킬 뿐만 아니라 미움을 품는 것은 결국 자신에게 고통으로 돌아오는 일이 된다. 감정의 노예가 되지 않기 위해서는 어떤 관계든 집착을 내려놓아야 한다. 감정에 집착하지 않는다는 것은 그것에 휘둘리지 않는다는 것이다. 그 누구도 소유하지 않고 집착을 내려놓을 때 각 관계를 있는 그대로 받아들이며 순간순간 감정에 휘둘리지 않을 수 있다.

　인간관계는 삶의 중요한 부분이지만 그 속에서 고통은 불가피하다. 사랑하는 사람에 대한 갈망은 기대를 만들어 내고 그 기대는 슬픔과 절망, 실망으로 이어진다. 미워하는 사람에 대한 증오는 자신의 마음에서 조금씩 조금씩 커지다 어느 순간 내 마음을 잠식한다. 인간관계가 가져다주는 긍정적이거나 부정적인 감정을 모두 균형 있게 받아들이며 어떤 상황이든 최선을 다하고 싶다면 오히려 그 무엇도 가지려고 하지 않아야 한다. 인간관계로부터 오는 많은 스트레스를 줄이고 감정의 폭풍에서 멀어져 평화를 찾는 길은 그 어떤 사람도 소유하려 들지 않는 것뿐이다.

07

" 말을 조심하고 마음을 다스리며 몸으로는 악한 일을 하지 말라. "

- 석가모니 -

■ 말의 힘

옛날에 두 명의 양반이 동시에 고기를 사러 갔다. 한 양반은 "어이, 백정. 고기 한 근만 다오." 이렇게 말하니 나이 지긋한 백정이 "예, 그러지요." 하면서 고기를 칼로 베어 내줬다. 그때 다른 양반 한 명은 상대가 비록 천한 백정이었지만 자신보다 나이가 더 많아 보였기에 함부로 말하기가 좀 그래서 "박 서방. 고기 한 근 주시게." 하고 부탁했다. 그러자 백정이 "예, 고맙습니다." 하면서 고기를 잘라주었다. 하지만 가만히 보니 먼저 말한 양반 것보다 양이 훨씬 많았다.

그러자 처음 고기를 주문한 양반이 소리치며 따졌다.

"이놈아. 같은 한 근인데 어째서 이 양반 건 나보다 배가 더 많으냐?"

그러자 나이 지긋한 백정이 답했다.

"그야 손님 것은 백정이 자른 거고, 이 고기는 박 서방이 자른 것이니까 그렇지요."

박씨와 백정이라는 일화로 알려진 이야기다. 말의 힘을 보여주는 좋은 이야기라고 생각한다. 말 한마디에 천 냥 빚을 갚는다는 말처럼 말은 힘을 가지고 있다. 우리가 살아가는 세상은 정말 빠르게 돌아간다. 그렇기 때문에 때로는 무심코 우리의 가치와 신념이 주변에 노출될 때가 있다. 그중가장 큰 것이 말이 아닐까. 말을 조심한다는 원칙은 언어를통해 타인에게 미치는 영향을 깊이 인식한다는 것이다. 말은 단순한 소리의 나열이 아니다. 내 말 한마디가 타인의 감정에 긍정적이든 부정적이든 큰 영향을 미칠 수 있기 때문이다. 말은 항상 진실 되어야 하고 상처 주지 않아야 하며 필요한 말인지 고민하는 것이 필요하다. 이런 행위는 단순히 예의를 넘어 타인에 대한 깊은 존중 및 자신의 가치를 올리는 일이 된다.

말을 조심하고 마음을 다스리며 몸으로는 악한 일을 하지 말라는 것은 우리의 몸이 다 연결되어 있다는 뜻이기도 하다. 정신적, 사회적, 그리고 영적 건강이 다 깊이 연결되어 있다. 말을 조심해도 마음을 다스리지 않으면 아무런 소용 없을 것이고 말과 마음을 아무리 조심한다고 한들 행동이 악하면 소용이 없는 것이다. 바른말은 바른 마음을 만들고 바른 행동을 만든다. 반대로 행동을 바르게 하면 마음도 올바르게 자리 잡을 뿐만 아니라 뱉는 말 역시 온화할 것이다. 타인에게 상처 주지 않는 것을 넘어서 인간의 언어가 지닌 깊은 영향력을 깨닫고 나 자신뿐만 아니라 우리가 속한 사회에 미치는 영향을 생각했을 때도 말은 조심해야 한다. 말만큼 파급력이 센 것도 없다.

08

" 함부로 다른 사람의 허물을 말하지 말라. 언젠가는 반드시 나에게로 되돌아온다. "

- 석가모니 -

■ 험담의 위험성

주변을 둘러보면 남 이야기하는 걸 좋아하는 사람들이 있다. 그런 사람들의 특징은 단순히 남 이야기하는 것 자체를 좋아하는 게 아니라 부정적인 이야기를 퍼트리는 걸 좋아한다는 것이다. 회사, 사회, 학교, 친구, 주변 시인 등 어느 곳에도 그런 사람들은 존재한다. 회사에서 한 사람이 동료들에게 어떤 사람을 흉볼 수 있다. 업무 능력을 비난하거나 개인적인 일을 떠벌릴 수도 있다. 학교에서도 마찬가지다. 한 친구가 다른 친구에 대해 험담을 늘어놓고 다닐 수도 있다.

다른 사람들에게 그 친구의 약점과 실수를 과장해서 이야기할 수도 있고 없는 말을 지어낼 수도 있다. 회사든 학교든 이런 일이 일어나는 이유는 간단하다. 타인을 험담하는 과정을 통해서 자신의 우월감을 드러내고 싶은 것이다. 자신의 우월감을 드러내기 위해서 얼마나 많은 사람을 부정적인 상황 속에 빠지게 하는지 본인은 모른다. 험담을 당한 주체뿐만 아니라 그 험담을 들은 사람들도 모두 부정적인 감정에 휩싸이게 된다. 신뢰를 깨트리고 업무나 생산성을 떨어트리고 관계를 망가트린다. 모두에게 불쾌한 분위기가 조성되는 것이다.

타인을 험담하기 좋아하는 사람. 특히 그 험담을 퍼트리기 좋아하는 사람들이 간과하고 있는 것이 하나 있다. 바로 누군가의 험담을 즐긴다면 그 험담이 결국 자기 자신에게 되돌아온다는 사실이다. 험담하는 사람을 가만히 보다 보면 그런 생각이 들기 마련이다. 이 사람이 어디 가서 내 이야기는 좋게 할까? 내 이야기도 안 좋게 할 거 같은데, 라는 생각이 본능적으로 든다. 그럼 자연스럽게 거리를 둘 수밖에 없다. 아무리 어떤 사건이 사실이라고 하더라도 그걸 본인이 이야기하는 것과 타인이 전달하는 것에는 큰 차이가 있기 때문이다. 자연스럽게 험담하는 사람을 멀리할 수 밖에 없다.

험담은 결국 자신에게 되돌아오는 부메랑과 같다. 내가 누군가를 험담하면 어디가서 나도 험담을 당한다는 단순한 이치가 아니다. 누가 나를 험담하지 않더라도 내가 다른 사람들을 지속적으로 비난했다는 이유만으로도 사람들이 나를 피하기 때문이다. 누군가의 허물을 말하는 것을 조심해야 하는 이유도 이 때문이다. 반드시 나에게 되돌아온다. 나 자신도 누군가 험담하는 것을 멈춰야 한다. 이뿐만 아니라 험담을 즐기는 사람이 있다면 반드시 멀리해야 한다. 오늘은 다른 사람의 허물을 나에게 이야기했지만 내일은 어디가서 내 허물을 이야기하고 다닐지 모르는 일이다.

09

" 도움을 청하는 사람이 있다면
기꺼이 도와주라. "

- 석가모니 -

■ 연대 의식

2023년 9월 10일 리비아에 대홍수가 일어났다. 인구 10만 명인 항구도시에 홍수가 발생하면서 사망자 수가 최대 2만 명이 될 거라는 기사를 접했다. 세계 각국은 애도를 표하며 피해 복구 및 구호 활동을 위한 모금을 실시했다. 많은 나라와 많은 단체, 개인의 기부가 쏟아졌다.

기후 변화에 따른 이러한 자연재해뿐 아니라 주변에서도 누군가가 어려운 일을 겪는 것을 심심치 않게 볼 수 있다.

도움을 주고받는 것은 인간의 본성 중 하나다. 하지만 점점 더 타인을 위해 자신을 희생하거나 타인을 위해 도움의 손길을 기꺼이 건네는 일이 줄어들고 있다. 마을 단위의 농촌 생활에서 벗어나 사회 대부분에 도시화가 진행됐다. 그 결과 많은 사람이 밀집된 도시 환경에서 살아가게 됐다. 도시에서 사는 사람들은 이웃에 대한 존재를 잘 알지 못한다. 이름도 알지 못할뿐더러 교류도 하지 않는다. 그러니 당연히 주변 사람들에게 친밀감이나 소속감을 느낄 수도 없다. 소속감과 친밀감이 없다는 건 관심이 없다는 것이다. 작은 마을에서는 옆집 식구가 누군지 다 알지만 도시에서 그러는 건 쉽지 않다. 점점 더 서로가 서로에게 익명으로 존재하는 것이다.

현대 사회는 개인주의와 경쟁이 강조된다. 자신의 이익과 성취를 우선시하는 사람이 점점 더 많아지고 있다. 그러한 사고방식은 타인을 돕는 동기를 약하게 만들 수밖에 없다. 경쟁이 심화된 사회에서는 타인을 돕는 것이 자신의 쟁력을 낮추는 것처럼 느껴질 수 있다. 누군가를 돕는 것보다 자신을 보호하고 이익을 추구하는 것이 더 중요하게 여겨지기 때문이다. 안 그래도 바쁜데 그 속에서 타인에게 관심을 가지고 손을 내민다는 건 점점 더 어려운 일이 되고 있다.

　하지만 도움이 필요한 사람들에게 기꺼이 도움을 준다는 것은 그 사람에게만 도움이 되는 것이 아니다. 도움을 건네는 나에게도 기쁨과 충만함이 뒤따른다. 아무리 사회가 바뀌고 서로가 서로에게 익명으로 살아가더라도 다른 사람의 고통에 공감하고 그들을 돕는데 주저하지 않아야 한다. 도움을 청하는 사람을 기꺼이 돕는 것은 유대감과 공감을 더 만들뿐 아니라 사회가 조금 더 긍정적인 방향으로 나아갈 수 있는 방법 중 하나이기 때문이다. 주변에 힘들어 보이는 사람이 있는가? 내가 할 수 있는 선에서 최대한 도움을 건네보자. 물질적이든 정서적인 지지와 공감이든 상관없다. 그저 내가 기꺼이 할 수 있는 것이면 충분하다.

10

" 견고한 바위는 바람에 흔들리지 않듯이
현명한 자는 칭찬과 비난에 흔들리지 않는다. "

- 석가모니 -

■ 마음의 중심

현대 사회에서 인간은 수많은 평가, 의견, 비판, 칭찬에 노출되어 살아간다. 이러한 환경 속에서 외부의 소음을 차단하고 내면의 평화를 유지하는 것은 쉬운 일이 아니다. 자신도 모르게 스스로의 가치를 외부의 반응에 따라 정의하기 마련이다. 하지만 안정된 삶이란 내면의 중심이 잡혀있는 삶을 말한다. 내면의 중심이 잡혀있다면 외부의 영향에 흔들리지 않을 수 있지만 그렇지 못하다면 마음은 늘 불안정할 것이다.

그러기 위해서 필요한 것은 칭찬과 비난에 크게 동요하지 않는 것이다. 칭찬은 좋은 것인데 왜 문제가 되냐고 생각할 수도 있지만 칭찬에 크게 기뻐하는 사람일수록 반대로 비난에도 크게 낙담하는 경우가 많다. 직장에서 상사가 나의 노력을 칭찬한다고 가정해 보겠다. 이때 만약 칭찬에 지나치게 몰두하거나 크게 받아들인다면 다음번에 비난받았을 때 역시 크게 흔들릴 수 있다. 매번 칭찬만 받으면 좋겠지만 비난을 받을 일도 반드시 생기기 때문이다. 하지만 칭찬을 겸손하게 받아들이고 크게 동요하지 않는다면 다음번에 비난받았을 때도 그 비난을 지나치게 마음에 담지 않는다. 오히려 성장할 수 있는 기회라고 생각할 수도 있다. 칭찬을 받으면 우쭐해지고 비난을 받으면 좌절하는 것은 내 마음을 불안정하게 만든다.

현명한 사람은 자신의 가치를 외부의 칭찬이나 비난에서 찾지 않는다. 자신의 내면에서 찾는다. 스스로 생각한 기준을 지키고 자신의 신념과 가치관에 따라서 행동한다. 그렇게 행동할수록 점점 더 내면은 단단해지고 그 단단함은 평화를 가져다준다. 단단한 바위처럼 바람에 흔들리지 않고 현명한 사람처럼 칭찬과 비난에 흔들리지 않는 삶을 살아야한다. 비로소 그때 내면의 평화를 발견하고 더 충만한 삶을 살 수 있을 것이다.

11

" 우리는 우리가 생각했던 것의 결과물이다.
마음이 모든 것이다. "

- 석가모니 -

■ **마음의 힘**

지금의 내 모습은 무엇이 만든 걸까?

환경? 교육? 선택? 직업? 가정? 주변 사람들? 수많은 것이
떠오르겠지만 정답은 아니다. 물론 지금의 내 모습에 많은
영향을 미쳤겠지만 제일 중요하게 작용한 것은 아니다. 지
금의 내 모습을 만든 가장 중요한 것은 바로 마음이다.

우리의 삶은 우리의 마음이 만들어낸 결과물이다. 긍정적

인 생각을 가진 사람은 삶에서 긍정적인 결과를 만들어내고 부정적인 생각을 가진 사람은 부정적인 결과를 만들어낸다는 것은 자연의 이치와도 같은 것이다. 마음은 행동에 영향을 미친다. 마음에 자신을 믿고 있고 긍정적인 힘이 가득한 사람은 도전하는 것에서 용기를 쉽게 낼 수 있다. 다른 사람들보다 어려움을 극복할 힘을 더 많이 가지고 있으며 목표를 향해 나아가는 것 역시 진취적일 것이다. 반면 자신을 의심하고 부정적인 생각이 마음에 크게 자리 잡은 사람은 그러지 못할 것이다. 쉽게 포기하고 문제를 해결하는 것보단 위축되기에 바쁘다. 마음은 행동으로 나타나고 그 행동은 결국 현실이 되어 우리의 삶을 형성하게 되는 것이다.

마음이 건강한 사람은 다른 사람을 볼 때도 건강하게 볼 수밖에 없다. 자신의 마음이 건강하기 때문에 타인의 장점을 발견하고 행복한 인간관계를 만들기 위해서 노력할 것이다. 반면 마음이 건강하지 못한 사람은 상대방의 단점을 먼저 찾을 것이다. 비판하고 부정적인 시선으로 타인을 바라보면 우리가 맺는 주변 관계 역시 안 좋게 흘러간다.

나 자신의 행동뿐 아니라 나를 둘러싼 모든 순간은 마음에서 비롯된다. 생각은 행동을 만들고 행동은 현실이 된다. 결국 긍정적인 마음을 가지고 감사와 기쁨을 자주 느끼며 자신뿐만 아니라 타인을 사랑하려는 마음을 가진 사람이 더 만족스러운 현재를 살아갈 확률이 높다. 마음은 힘이 강하다.

12

" 무소의 뿔처럼 혼자서 가라. "

- 석가모니 -

■ 혼자의 중요성

많은 사람이 알고 있는 말이 있다. 바로 빨리 가고 싶으면 혼자서 가고 멀리 가고 싶으면 함께 가라는 말이다. 하지만 이 말에는 중요한 맹점이 있다. 함께 가는 그 사람은 반드시 좋은 사람이어야 한다는 것이다.

사람은 어쩔 수 없이 주변 사람에게 영향을 많이 받는 존재다. 이뿐만 아니라 복잡한 관계 속에서 사회적 연결이 중요한 존재다. 때로는 그 연결이 우리를 속박하고 자신의 진정한 모습을 잃게 만들기 때문에 좋은 사람이 아니라면 함께 갈 필요가 없다. 무소의 뿔처럼 혼자서 가라는 말은 단순히 고독을 권장하는 것이 아니다. 이 깨달음은 내면의 힘을 기르고 외부의 요인에 의존하지 않으며 좋은 사람과 함께해야 한다는 뜻을 내포하고 있다.

누구나 다 인생에서 자신만의 길을 걷고 있다. 수행을 하는 사람은 수행하는 것이 그 길일 것이고 직장인에게는 회사를 잘 다니는 것이 길을 걷는 것이고 학생에게 공부하는 것이 그 길일 수 있다. 그 길을 누군가와 함께 걷는 것은 좋지만 타인에게 지나치게 의존해서는 안 된다. 혹은 자아를 잃어버리게 하는 사람과 함께 하는 것도 옳지 못하다. 외롭다고 아무하고 함께해서는 안 된다는 말과 같다.

다른 사람의 소음이나 세상의 혼란에 휩쓸리지 않아야 한다. 나 자신과 대화하고 내면을 바라보고 고요함 속에서 독립과 자유를 확보해야 한다. 결국 진정으로 믿어야 하는 것은 자기 자신이다. 주변에 괜찮은 사람이 없다면 무소의 뿔처럼 혼자서 가라.

13

" 조그만 것을 소홀히 하지 말라.
물방울이 모이고 모여 큰 항아리를 채운다. "

- 석가모니 -

■ 작은 것의 거대함

새해가 되면 볼 수 있는 진풍경이 있다. 집 주변에 있는 헬스장에 사람이 가득한 것이다. 운동을 하겠다는 건 수많은 사람이 다짐하는 일 중 하나다. 하지만 안타까운 건 1월 1일에 헬스장을 가득 채운 사람들은 며칠만 지나도 보기 힘들다는 것이다.

학원도 비슷하다. 자격증 준비를 하거나 여가 시간을 활용해서 자기 발전을 위해 학원을 등록한다. 학원에 등록하는 것까지도 많은 다짐과 실행력이 필요하지만 꾸준히 나가는 사람은 그렇게 많지 않다.

이런 일이 일어나는 이유는 간단하다. 무언가를 하겠다고 결심하는 일은 거대하게 보이지만 그걸 반복하는 건 비교적 작은 일처럼 보이기 때문이다. 일상생활을 하면서 우리는 종종 작은 것을 무시하거나 별로 대수롭지 않게 여기는 경우가 있다. 그러나 많은 위대한 일이 작은 일에서부터 시작한다. 우리의 삶은 거대한 것을 바라보며 달려갈 때 채워지는 것이 아니라 작은 것의 중요성을 알고 하나씩 최선을 다할 때 비로소 거대한 목적이 도달할 수 있다. 여기서 말하는 작은 것이란 여러 종류가 있다. 마음이나 관계, 자기 발전 모든 것을 포함한다.

물 한 잔 제대로 마실 틈 없이 바쁜 현대인이 있다. 매번 점심 먹고 휴대폰 보면서 걷기 바쁠 테지만 횡단 보도에서 신호를 기다리는 동안 잠시 멈춰 주변에 핀 꽃을 바라볼 수 있다. 하루 일정이 꽉 차 있는 사람에게 길가의 꽃은 작은 것일지 모르겠지만 잠시 멈춰 그것을 바라보는 그 짧은 시간 동안도 마음의 평화를 채울 수 있으며 삶에 활력을 더해 준다.

관계도 마찬가지다. 관계를 유지하고 깨지지 않게 노력하는 것은 커다란 개념에 속하지만 주변 사람들에게 따뜻한 말 한마디를 건네는 건 비교적 작은 일처럼 보인다. 그러나 주변 사람들에게 따뜻하고 다정한 말 하나 건네는 건 그 사람에게 선물을 주는 것과 비슷하다. 작은 관심과 따뜻함이 모여 관계가 더 끈끈하게 유지된다.

작은 것은 작은 것이 아니다. 큰 항아리도 결국 물방울이 모여 채워진다.

14

" 아름다운 꽃이라도 향기가 없는 꽃이 있듯이,
아무리 좋은 가르침이라도 그것을 실행하지 않으면
열매를 맺지 못한다. "

- 석가모니 -

■ 지식보다 더 중요한 것

우리는 수많은 지식을 습득하며 살아간다. 책, 교육, 강의, 경험 등 무수히 많은 것에서 지식을 얻을 수 있다. 종종 사람들이 착각하는 것 중 하나는 지식을 양으로 측정하는 것이다. 자신이 알고 있는 것이 얼마나 많은지를 중요하게 생각한다. 깨달음, 지식, 가르침 등 자신을 이롭게 할 수 있는 정신적 가치가 있는 산물을 많이 가지고 있는 것도 중요하다. 하지만 그보다 더 중요한 것은 실제로 적용하느냐 적용하지 않느냐이다. 모든 가르침은 실제로 적용하기 전까지는 가치가 크게 떨어진다.

　아무리 알고 있는 것이 풍부하고 정교하더라도 실제로 적용하지 않으면 내 것이 될 수 없다. 실행한다는 것은 우리의 능력과 자신감을 강화시키는 일이 된다. 성공하든 실패하든 중요한 것이 아니다. 실패를 통해 스스로의 한계를 발견하고 이를 극복하는 방법을 배울 수 있다. 이러한 경험을 통해 더 강하고 적극적인 사고방식을 가질 뿐만 아니라 새로운 도전에 대한 두려움을 줄일 수 있다. 아무리 도자기 만드는 방법에 대해 좋은 가르침을 받아도 내가 한 번 빚어보는 것보다 더 나을 수는 없다. 이뿐만이 아니다. 그 어떤 가르침이라고 해서 무조건 옳은 건 아닐 것이다. 분명 나에게 맞지 않는 가르침도 있을 텐데 그걸 확인하는 방법은 직접 시도해 보는 것뿐이다. 나에게 맞는지 맞지 않는지 확인하는 방법은 직접 부딪히는 일뿐이기 때문이다. 아무리 아름다운 말이나 중요한 가르침을 들어도 실행에 옮기지 않으면 소용없다. 향기 나는 꽃이 되고 싶다면 부지런히 움직여야 한다.

15

" 사람이 바른 마음을 쓸 줄 알면 신들도 기뻐한다.
마음 가는 대로 따라가서는 안 된다.
마음이 하늘도 만들고 사람도 만들며
극락이나 지옥도 만든다. "

- 석가모니 -

■ 삼브라의 사랑

소티세나라는 왕자가 있었다. 그에게는 더할 수 없이 아름다운 삼브라라는 아내가 있었다. 어느 날 왕자의 손에 작은 종기가 났다. 하지만 시간이 지날수록 점점 커지더니 온몸이 종기와 고름으로 뒤 덮였다. 수많은 궁녀와 신하들은 왕자를 피하기 시작했고 왕자의 마음은 절망과 분노로 물들어갔다. 왕자는 자신이 무너지는 모습을 보여주느니 숲에 가서 죽어야겠다고 생각하고 숲으로 도망친다.

도망친 숲속에서 아내는 정성을 다해 아내를 돌봤다. 지극정성으로 남편을 돌보자 천천히 병이 낫기 시작했다. 조금씩 평화를 찾아가고 있던 어느 날 아내는 맑은 샘에 갔다가 귀신을 만난다. 삼브라의 아름다운 외모에 매료된 마귀는 그녀를 겁탈하려고 한다. 귀신에게 붙잡힌 아내가 소리치자 하늘 신의 도움을 받아 풀려나게 된다. 남편은 돌아올 시간이 지나도 돌아오지 않는 아내를 하염없이 기다리고 있었다. 하지만 뒤늦게 돌아온 아내의 모습은 엉망이었다. 옷매무새는 헝클어져 있었고 머리도 산발이었다. 남편은 온갖 의심을 하며 아내를 다그친다. 아내는 샘에서 자신이 겪은 일을 설명했지만 남편은 믿지 않았다. 그때 아내는 한 가지 제안을 한다.

"만약 신이 나를 구해준 것이 맞다면 그 힘으로 당신의 병도 치유될 거예요."

그녀가 남편의 머리에 길러온 물을 붓자 온몸에 낫던 종기가 씻은 듯이 사라지는 것이 아닌가. 며칠이 지나자 건강을 완전히 회복하고 그들은 궁으로 돌아올 수 있었다. 하지만 여전히 불만에 가득 찬 남편은 궁으로 돌아와서 아내에게 소홀하기 시작했다. 그 모습을 본 왕은 소티세나를 불러 꾸짖었다.

"네가 병들어 있을 때 사랑으로 마음을 주고받은 이는 네 아내다. 눈을 떠라. 그런 여인을 배신해서는 안 된다."

왕자는 아내를 찾아가 잘못을 뉘우치고 진심으로 용서를 빌었다. 아내는 그런 남편을 사랑으로 받아주며 평생 다정하게 일생을 보냈다.

이 일화는 점점 더 사랑이라는 이름으로 희생하려고 하지 않는 사람들에게 이야기 자체만으로도 귀감이 될 만한 이야기다. 누군가가 미운 것도 누군가를 사랑하는 것도 누군가를 오해하는 것도 결국은 마음의 문제다.

16

> **" 쓸모없는 천 마디 말보다**
> **듣고 나서 마음이 평온해지는**
> **그러한 말 한마디가 더욱 값지다. "**

- 석가모니 -

■ 천 마디 말보다 값진 것

자주 사용하는 동시에 강력한 힘을 가진 도구가 있다. 많은 사람이 너무 당연하게 생각해서 놓치기 쉽지만 그 도구는 바로 말이다. 말은 우리의 마음이나 감정뿐 아니라 행동에 영향을 주는 강력한 도구다. 말 한마디가 천 냥 빚을 갚는다는 말만 보더라도 말의 힘이 얼마나 대단한지 알 수 있다.

인간은 말로 생각과 감정을 전달하며 다른 사람과 소통한다. 누군가와 가까워지거나 멀어질 때 사용하는 것도 말이다. 말을 통해 더 깊은 인간관계를 형성하고 서로를 이해할 수 있다. 좋은 말은 오해를 풀고 서로를 더 깊게 만든다. 반면 안 좋은 말은 오해를 만들고 관계를 멀어지게 한다. 쓸모없는 말은 마음이나 기억에 자리 잡지 않고 휘발된다.

누군가와 대화를 나누고 나면 보통 세 가지로 기분이 나뉜다. 충만하거나 불쾌하거나 아무것도 기억에 남지 않거나. 대화가 끝나고 확연히 반응이 나뉘는 것은 상대방이 뱉는 말의 힘 때문이다. 쓸모없는 말로 시간을 낭비하거나 부정적인 말로 갈등을 일으키는 사람과 함께하면 아무리 오래 대화를 나눠도 남는 것이 없다. 의미 있는 말과 긍정적인 영향을 주고받는 사람과 대화를 나누면 잠깐만 대화를 나눠도 마음이 충만해진다. 내가 누군가와 대화를 나눴을 때 받은 느낌을 떠올려본다면 나 역시도 다른 사람에게 신중한 언행을 건네게 된다. 말의 선택과 활용에 신중해야 한다. 다른 사람에게 될 수 있는 한 긍정적이고 좋은 영향을 주는 말을 뱉어야 한다.

17

" 배움이 없는 사람은 늙은 황소와 같다.
몸은 살찌고 나이가 들어도 지혜는 늘어나지 않는다. "

- 석가모니 -

■ 죽을 때까지 멈추지 않아야 하는 것

많은 사람이 지혜를 원한다. 아마 이 책을 집어 든 많은 독자분들도 지혜를 얻기 위해서일 것이다. 지혜를 얻기 위해서 선행되어야 하는 것은 무엇일까? 바로 배움에 대한 올바른 가치관을 가지는 것이다.

배움은 삶에서 중요한 부분을 차지한다. 배움을 통해 세상을 이해하고 지식을 습득하며 자신을 발전시킬 수 있기 때문이다. 무언가를 배운다는 것은 지혜와 경험의 성장을 촉진하는 것과 같다. 최근 취미로 기타 모임을 다니고 있다. 일주일에 한 번씩 모여서 기타를 치고 이야기를 나누는 평범한 모임이지만 뇌리에 박힐 만큼 중요한 일이 됐다. 그 이유는 모임에 나오는 한 어머님 때문이다. 막내 아들이 곧 군대에 간다고 한다. 혹시 연세가 어떻게 되냐고 여쭈어봤더니 60이 넘었다고 하셨다. 기타 모임을 알게 된 것도 SNS에서 보고 신청을 했단다. 심지어 다른 요일엔 독서 모임을 나가고 있다고 했다.

짐작하는 거지만 아마도 그분은 끊임없이 무언가를 배우면서 지낸 지 엄청 오래됐을 것이다. 기타 모임에서 가장 어린 친구는 올해 20살이다. 하지만 그 친구와 가장 나이 많은 그 분은 서로 아무런 불편함 없이 대화를 주고받는다. 자신보다 40살이나 어린 친구가 던지는 주제의 내용을 다 알고 있다. 심지어 SNS도 잘 다룬다. 배움을 통해 새로운 기술과 지식을 습득하고 이를 바탕으로 자신을 발전시킨 좋은 예시라고 볼 수 있다.

무언가를 배운다는 것은 삶의 질을 향상시킨다. 새로운

지식과 기술을 배우면서 더 나은 선택을 할 수 있게 된다. 지혜가 생기는 것이다. 더 나은 선택을 할 수 있다는 것은 더 만족스러운 삶을 살 수 있다는 것과 통한다. 이뿐만 아니라 지적 호기심을 충족시키고 삶에 대한 더 깊은 이해와 만족을 가져다준다. 인간은 자신이 아는 만큼만 세상이 보이기 때문이다. 끊이지 않고 무언가를 계속 배운 사람은 자연스럽게 아는 것이 많을 수밖에 없고 그 경험과 지식은 세상을 해석하는 중요한 역할이 되어준다.

끊임없는 배움은 한 개인을 위해서뿐만 아니라 사회의 발전에도 중요한 역할을 한다. 자신의 삶을 만족스럽게 사는 사람이 더 많아질수록 사회는 긍정적인 형태로 나아간다. 더 나은 직업을 찾고 더 나은 시민이 되며 더 나은 선택을 할수록 사회에 긍정적인 기여를 할 것이다. 또한 새로운 아이디어와 눈부신 혁신은 지속적인 배움과 탐구에서 나온다. 나이에 상관없이 지속적으로 무언가를 배우고 고민한 사람에게서 세상에 꼭 필요한 재화가 탄생할 수도 있다. 지속적인 배움은 성장을 만들어내고 성장은 더 지혜롭고 성숙한 사람으로 자신을 이끈다. 삶을 풍요롭게 하고 더 나은 미래를 만들고 싶다면 무언가를 배워야 한다.

끊임없이.

2장

" 삶에 힘을 빼라 "

" 자기보다 나을 것 없는 이와 괴로워하면서
함께 사느니 차라리 혼자서 사는 게 낫다.
어리석은 자와는 벗하지 말라. "

- 석가모니 -

■ **나를 망치는 관계**

현대 사회에서 우리는 수많은 인간관계를 맺고 있다. 소
셜 미디어를 비롯한 다양한 기회는 더 많은 사람과 손쉽게
연결될 수 있는 환경을 제공한다. 하지만 이러한 관계들이
진정으로 우리 삶에 긍정적인 영향을 미치는지에 대해서는
생각해 볼 필요가 있다. 어리석은 자와 벗하지 말라는 것은
자신을 둘러싼 사람들이 자신에게 얼마나 많은 영향력을 끼
치는지에 대한 반증이다. 부정적인 영향을 미치는 사람과
의 관계는 정신적, 감정적, 신체적 건강을 해칠 수 있다. 반

면 긍정적이고 서로의 성장을 도울 수 있는 사람과의 관계는 나를 더 발전하게 만든다. 주변 사람들의 영향력이 그만큼 크기 때문에 신중하게 생각해야 한다. 관계는 본디 양적인 것보다 질적인 것이 더 중요하며 나 자신의 정신적 평화와 성장을 위해 선택하는 것이다.

어리석은 자와 함께하느니 차라리 혼자 있는 것이 낫다는 것은 혼자 있는 시간의 중요성을 강조하는 것이기도 하다. 혼자 있는 시간 속에서 자기 자신을 돌아볼 뿐만 아니라 내면의 목소리에 귀 기울이고 자기 발전을 도모할 수 있기 때문이다. 자신의 의미, 필요, 감정을 더 깊게 이해하고 더 건강한 사회적 관계를 구축하기 위해서라도 혼자 있는 시간은 반드시 필요하다. 부정적이거나 파괴적인 태도를 지닌 사람은 멀리해야 한다. 나를 망치는 관계와 함께할 바에는 차라리 혼자인 것이 낫다.

19

" 마음에 걸림이 없다.
마음에 걸림이 없으므로 두려움도 없다. "

- 석가모니 -

■ 집착이 없는 자유로운 상태

행복이란 자려고 누웠을 때 마음에 걸리는 것이 하나도 없는 거라는 격언이 있다. 아무것도 마음에 걸리는 것이 없을 때가 행복이라고 말할 정도로 마음의 걸림은 중요하다. 마음의 걸림이란 우리의 생각, 감정 그리고 행동을 제한하는 모든 것을 이야기한다. 마음에 걸리는 게 없는 상태를 보여주기에 가장 좋은 것은 아이다. 아이가 놀이터에서 모래를 가지고 놀고 있다면 그 아이는 아무것도 생각하지 않고 모래를 가지고 노는 것에만 집중할 것이다. 그 어떤 근심도 걱정도 마음에 자리 잡지 않는다. 현재의 순간에 몰입해서 모래를 가지고 노는 것에만 집중한다. 하지만 어른은 그러지 못하는 경우가 많다. 미래에 대한 걱정에 사로잡혀 현재의 순간을 즐기지 못한다.

마음의 걸림을 인식하고 놓아주는 연습이 필요한 것도 그때문이다. 명상을 하거나 마음 챙김과 같은 수련을 통해 현재의 집중하는 연습을 해야 한다. 마음의 평온을 유지하며 집착이나 두려움을 유발하는 것들에 대해서 내려놓는 연습을 해야 한다. 업무에서 극도의 스트레스를 받을 때 잠깐 멈추고 잠깐 걷는 것도 비슷한 이치다. 잠시 호흡을 가다듬는 것만으로도 마음의 걸림을 줄일 수 있기 때문이다.

마음이 자유로워야 두려움이 사라진다. 그래야 행복해진다는 사실을 잊지 말자.

20

" 나무는 꽃을 버려야 열매를 맺고, 강물은 강을 버려야 바다에 이른다. "

- 석가모니 -

■ 변화와 집착

자연에게 인생을 배울 때가 많다. 나무는 열매를 맺기 전에 항상 꽃을 피운다. 다시 말하자면 꽃을 버려야 열매를 맺는다는 것이다. 자연에서 변화는 필연적이며 자연은 그 변화를 기꺼이 받아들인다. 하지만 사람은 변화를 싫어하는 경우가 많다. 환경이 바뀐다는 것은 불편하고 두려운 일이기 때문이다.

변화 없이 새로운 곳으로 갈 수는 없다. 직업을 바꾸려고 하더라도 이전의 직업을 버려야 새로운 직업을 취할 수 있다. 새로운 사람과 관계를 형성하기 위해서 기존의 관계를 정리해야 할 수도 있다. 강물이 바다가 되기 위해서는 강물을 버려야 바다가 되는 것과 같은 이치다. 더 큰 목표나 이상을 향해 나아가기 위해서는 이전의 상태를 버리고 집착을 내려놓아야 한다. 같은 현상을 고수하려는 집착은 스스로를 제한하고 진정한 자유와 성취를 방해한다.

나무가 꽃을 버리지 못하는 것도 강물이 강을 버리지 못하는 것도 모두 집착을 비유하는 표현이다. 한때 아름다운 꽃과 맛있는 열매를 맺던 사과나무 한 그루가 있었다. 세월이 흘러 더 이상 열매를 맺지 못하고 가지가 마르기 시작했다. 사과나무는 과거의 아름다움을 잃어버린 것에 집착하며 슬퍼하고 있었다. 그러던 어느 날, 한 나그네가 지나가다 사과나무 아래에서 쉬면서 이런 말을 했다.

"그늘이 참 평화로네. 덕분에 잠깐 휴식하고 가네."

나그네의 말을 들은 사과나무는 비로소 자신이 꽃과 열매를 맺지 못하지만 그럼에도 불구하고 다른 형태로 세상에 유익함을 주고 있다는 것을 깨닫는다. 집착을 내려놓아야 자신의 가치가 명확하게 보인다. 성장과 발전을 위해서 변화는 필수며 집착을 초월할 때 비로소 진정한 성취와 행복을 찾을 수 있다. 나무는 꽃을 버려야 한다. 강물은 강을 버려야 한다. 당신은 무엇을 버리겠는가.

21

> " 나이 많은 이를 존경하고 받들게 되면
> 다음의 네 가지가 증가한다.
> 장수와 아름다움, 행복과 힘. "

- 석가모니 -

■ 마음을 풍족하게 하는 일

어른은 다 성장한 사람이나 다 성장해서 사회에 나가 책임을 질 수 있는 사람을 말한다. 법으로는 만 19세 이상이 된 사람을 어른이라고 부른다. 현대 사회는 전통적인 가치관에서 많이 벗어나고 있다. 그중 하나가 어른을 대하는 자세다.

과거에는 나이가 많고 경험이 많은 사람을 존경하는 것이 일반적이었다. 하지만 점점 강조되는 개인주의와 젊음, 혁신을 더 높게 평가하는 사회적 분위기는 어른에 대한 존경심이 줄어드는 것으로 이어진다. 정보에 조금 더 쉽게 접근할 수 있는 것도 한몫했을 것이다. 예전엔 정보를 습득할 수 있는 곳이 많이 없었기에 어른들이 가지고 있는 생각이나 가치관이 유용한 정보가 될 때가 많았다. 나보다 더 먼저 경험해 본 사람의 조언이 그 어떤 정보보다 중요하게 작용하는 것이다. 지금은 인터넷과 미디어의 발달로 인해 사람들은 정보의 홍수 속에서 살아간다. 자신이 마음만 먹으면 찾지 못할 정보가 없다. 지금은 정보를 찾는 것보다 수많은 정보 중 스스로 판단하고 선택하려는 경향이 더 강해졌다.

이뿐만이 아니다. 세대 간의 간극은 더 심해지기 시작했다. 예전과 다르게 사회가 너무 빨리 변하기 때문이다. 생활 방식, 문화, 기술 등 모든 것에 대한 차이가 커지면서 젊은 세대는 어른을 시대에 뒤떨어진 존재로 인식하고는 한다. 일부 어른들이 자신의 지위나 권위를 남용하여 잘못된 행동을 하는 것도 영향이 있을 것이다. 미디어를 통해 이런 모습을 쉽게 접할 수 있다. 누군가를 존경하는 일이 점점 더 어려워지고 있는 것은 사실이다. 그럼에도 불구하고 나보다 나이 많은 사람을 존경하려는 태도를 갖추는 것은 중요하다. 무분별하게 나이가 많다고 무조건 존경하는 것이 아니라 존경하려는 마음을 가지고 있는 것이 중요하다. 그런 마음은 단순히 예의나 전통을 지키는 것이 아니라 우리의 삶을 더 풍요롭게 만든다. 다른 사람을 존중하고 그들의 지혜와 경험을 받아들인다는 것은 사회적인 유대와 연대감을 형성할 수 있다. 또한 받아들일 준비가 됐기 때문에 자신의 마음을 좀 더 긍정적으로 형성하게 된다. 존경은 늘 마음에 품어야 하는 것이다.

22

" 상처가 없는 손에 독이 침범 못 하듯
나쁜 마음이 없는 이에게
악은 침범하지 못한다. "

- 석가모니 -

■ 악의 유혹에 흔들리지 않는 면역력

뱀이 독을 퍼트리기 전에 제일 먼저 하는 것은 대상을 무는 것이다. 독니로 상처를 내고 그 상처에 독을 주입한다. 독을 퍼지게 하려면 제일 먼저 해야 하는 것은 상처를 내는 것이다. 그렇지 않으면 빨리 퍼지지 않는다.

나쁜 마음은 상처와 같다. 나쁜 마음을 가지고 있으면 악이 침투할 수 있는 약한 부분을 만든다. 탐욕이나 분노와 같은 감정에 사로잡힌 사람이 쉽게 유혹에 빠지거나 잘못된 행동을 저지르는 것이 그런 예 중 하나다. 순수한 마음은 악에 대한 면역력이 되어준다. 남을 해치려는 마음이 없는 사람은 도덕적으로 올바른 선택을 하게 되며 올바른 선택들이 모여 더욱더 단단하게 악으로부터 보호한다. 흔히 순수한 사람이 유혹이나 유해한 영향에 흔들리기 쉽다고 하지만 순수한 사람보다 더 쉽게 흔들리는 것이 상처가 가득한 마음이다. 나쁜 마음을 경계하고 마음의 순수함을 유지하려고 노력해야 하는 것도 그런 이유 때문이다.

순수한 마음이 주는 것은 내면의 평화와 안정뿐만이 아니다. 악에 대한 면역력을 가질 수 있고 자신에게도 자부심을 선사한다. 그 어떤 악의도 없이 행동했다는 것을 본인이 알기 때문에 모든 행동에 자부심이 생기고 그 자부심은 행복과 삶의 만족도로 이어진다. 마음의 순수함을 유지해야 한다. 악의 유혹과 영향으로부터 자신을 보호할 수 있도록.

23

" 거친 말을 하지 마라.
화가 나서 대꾸하면
화가 도리어 자신에게 돌아온다. "

- 석가모니 -

■ 화를 참는 것

살다 보면 무수히 많은 상황에서 화가 난다. 운전을 하다가 갑자기 끼어든 차 때문에 화가 난다. 말을 함부로 하는 직장 상사 때문에 화가 난다. 자신만 생각하는 친구 때문에 화가 난다. 별일 아닌 일로 연인과 다투는 상황이 싫어서 화가 난다. 일과 집을 반복하는 게 실증나서 화가 난다. 매일 공부는 하지만 성적이 오르지 않아서 화가 난다.

화는 인간이 느끼는 감정 중 자연스러운 감정이다. 하지만 중요한 것은 화라는 것을 어떻게 관리하느냐다. 화가 나면 판단이 흐려지는 것은 사실이다. 부정적인 행동을 유발한다. 거친 말을 사용하거나 충동적인 생각이 들거나 물리적인 힘을 사용할 수도 있다. 그 결과는 매번 후회가 뒤따른다. 특히 사람이 화났을 때 가장 빨리 감정을 표출할 수 있는 건 언어다. 거친 말이 제일 먼저 튀어나온다. 거친 말을 하면 안 되는 이유는 말은 상대방에게만 영향을 주는 것이 아니라 자신의 내면에도 영향을 미치기 때문이다. 화를 내는 것 자체가 마음과 몸에 부정적인 영향을 미치는 것이다. 스트레스와 불안이 증가한다. 이때 언어마저 거칠게 사용하면 다시 또 스트레스와 불안을 증가시킨다. 혹은 감정이 격해졌다는 이유로 거친 말을 건넸기 때문에 관계가 더 최악으로 치달을 수 있다. 갈등이 더 깊어질 수도 오해가 더 생겨날 수도 있다.

말은 행동의 지침이다. 내가 뱉는 말은 내가 하는 행동을 이끈다. 다른 사람의 행동에도 영향을 준다. 긍정적인 말은 긍정적인 행동을 유도하고 부정적인 말은 부정적인 행동을 만든다. 이미 화가 난 상태에서 거친 말을 뱉는다면 어떻게 되겠는가? 좋을 게 하나도 없을 것이다. 화가 나는 것은 어쩔 수 없는 일이다. 하지만 그 이후에 언어와 행동은 내가 선택할 수 있다. 거친 말을 하지 말라. 화가 나서 대꾸하면 분명 화가 도리어 자신에게 돌아온다.

(24)

" 자기만이 자기의 주인이다.
누가 자기의 주인이 될 수 있겠는가. "

- 석가모니 -

■ **주체적인 삶**

주인은 주인(主)에 사람(人)을 사용한다. 다시 말하자면 사람의 주인이라는 뜻이다. 애석하게도 나 자신의 주인은 내가 되어야 하는데 그렇지 못하는 사람들이 많다.

현대인들이 주체적인 삶을 살지 못하는 이유는 여러 가지가 있을 것이다. 비교 경쟁이 심해지면서 자신감이 떨어지면 주체적인 삶을 살지 못할 수 있다. 반복적인 습관이나 관성도 주체적인 삶을 방해할 수 있다. 익숙하고 편안한 상태에 머무르려는 성향은 새로운 기회와 도전을 받아들이지 않는다. 그 뜻은 곧 삶의 통제권을 잃는다는 것과 같다. 또한 결정을 회피하는 성향도 주체적인 삶을 방해한다. 어떤 결정을 할 때 자꾸 미루고 피하다 보면 외부 상황이나 다른 사람의 결정에 의존하게 된다. 이것 역시 자신의 삶에 대한 주도권을 잃는 것이다.

자신의 삶에 대한 주인이 되기 위해서는 먼저 자기 인식을 갖춰야 한다. 내가 어떤 생각을 하고 어떤 감정을 느끼고 어떤 행동을 하는지 인식하는 것은 자기 통제와 자기 인식의 첫걸음이다. 나를 제대로 바라보고 내 삶을 제대로 바라보고 관리하는 것이다. 잘 생각해 보면 그런 적이 분명히 있을 것이다. 내 삶이지만 선택을 다른 사람의 기대에 맞춰서한 적이. 혹은 다른 사람의 의견이 내 선택에 중요한 영향을 끼친 적이. 물론 타인에게 조언을 구하고 여러 의견을 듣는 것은 좋으나 그 무엇보다 중요한 것은 나의 생각이다. 자기 자신의 주인이 되는 것은 스스로의 삶을 책임지는 것이다.

그러기 위해서는 나를 잘 다스려야 한다. 나를 잘 다스리기 위해서 먼저 알아야 하는 것은 나 자신이다. 내가 어떤 사람인지 알아야 나를 다스릴 수 있다. 자기 자신을 잘 다스리는 사람은 삶의 어려움 앞에서 머뭇거리지 않고 도전 앞에서도 흔들리지 않는다. 자기 자신을 다스리지 못하는 사람은 외부 환경이나 타인에 의해 쉽게 흔들릴 수밖에 없다. 내 삶에 통제권은 나에게 있다. 나를 다스려야 하는 사람도 나 자신이다. 내 삶의 주인은 나다.

25

" 밭을 망치는 것은 잡초
사람을 망치는 것은 탐욕이다. "

- 석가모니 -

■ 깨끗한 마음

옛날에 한 나그네가 있었다. 한여름에 먼 길을 가던 중 목이 말랐다. 점점 더 날은 뜨거워지고 사내는 지쳐갔다. 도저히 그냥 걸을 수 없을 정도였기에 사내는 급하게 마실 수 있는 물을 찾는다. 하지만 오래된 가뭄 탓에 주변의 샘물도 계곡도 모두 메말라 있었다. 포기하려던 찰나 아주 희미하게 물방울 떨어지는 소리를 듣는다. 그 소리를 따라가 온 주변을 다 뒤지고 나서야 바위틈에 있는 대나무에서 맑은 물이 떨어지는 것을 발견한다. 문제는 물이 정말 한 방울씩 떨어지는 것이다. 나그네는 몇 방울씩 떨어지는 물만으로도 감사함을 느낀다. 탈수로 죽을뻔한 지경이었으니까. 하지만 이내 곧 사내는 물 한 컵을 벌컥 마시고 싶어 한다. 한 방울씩 떨어지는 물방울이 모일 때까지 기다리면 되지만 그럴 수가 없다. 이미 물의 맛을 봤기 때문이다. 결국 사내는 물이 빨리 나왔으면 하는 마음에 대나무 통을 흔든다. 그의 탐욕스러운 행동은 오히려 물이 흙탕물로 변하게 만들었다. 탐욕을 부렸다가 몇 방울 흐르는 깨끗한 물조차 마시지 못하게 됐다.

무언가를 갈망할 때, 그 갈망이 충족되면 일시적인 만족을 느끼지만 곧 새로운 욕구가 생겨난다. 결코 절대적인 만족을 얻지 못한다. 탐욕은 끊임없는 욕구와 불만을 낳는다. 욕망의 사슬은 나의 내면을 파괴하고 진정한 행복을 느끼지 못하게 만든다. 한 방울씩 떨어지는 물을 발견한 김에 좀 쉬었다가 갈 수도 있었는데 벌컥 마시고 싶다는 생각으로 몇 방울조차 못 마시게 된 나그네와 비슷하다.

밭을 망치는 것은 잡초다. 잡초는 생명력이 끈질기고 강하기 때문에 많은 영양분이 잡초로 간다. 인간에게는 탐욕이 잡초다. 탐욕이 무서운 이유는 한 번에 파괴하는 것이 아니라 마음을 서서히 잠식시킨다는 것이다. 탐욕이 마음을 지배하게 되면 도덕적 가치와 판단이 흐려진다. 자기중심적이고 파괴적인 행동을 할 뿐만 아니라 더 많은 갈망을 만들어낸다. 욕망을 제어하지 못할 때 발생할 수 있는 부정적인 일은 무수히 많다.

살아가면서 마주하는 모든 것들에 항상 완벽한 판단을 할 수 없다. 하지만 스스로 큰 피해를 입는 선택을 내리지는 않아야 한다. 탐욕이 마음에 가득 자리 잡고 있으면 욕망을 제어할 수가 없다. 제어하지 못하는 욕망은 자제력을 잃게 만들고 그 결과 조금씩 우리의 삶을 파괴한다. 지나친 욕심은 마음에 잡초를 심는 것과 같다. 그것도 아주 많이.

26

" 일단 세상에 태어난 모든 것은 죽음으로 돌아간다.
반드시 생명이 다할 때가 있다.
이루어진 것은 반드시 없어지고
모아진 것은 반드시 흩어진다. "

- 석가모니 -

■ 무상

무상(無常)은 아주 중요한 개념이다. 모든 조건부 현상은 변하고 그 무엇도 영원하지 않다는 것을 뜻한다. 하지만 인간은 영원한 것을 추구하고 안정적인 상태를 원하기 때문에 무상의 개념을 인지하는 것은 실로 어려운 일이다.

사람이 겪는 슬픔 중 가장 큰 것에 해당하는 것은 사랑하는 사람을 잃는 것이다. 단순히 친한 친구와의 관계가 변하는 것을 넘어 사랑하는 사람이 세상을 떠난다는 것은 말로 표현할 수 없을 만큼 극심한 고통이다. 누군가가 죽는다는 것은 연결이 끊긴다는 것이다. 함께 보낸 시간, 추억, 공유했던 감정 그 모든 것이 부재로 인해 끊긴다. 떠난 사람이 일상에서 차지하던 공간과 역할이 사라지면서 남은 사람은 새로운 현실에 적응해야 한다. 존재의 부재를 받아들이려 애써야 하며 정서적으로 깊게 연결되어 있던 경우에는 그 슬픔으로부터 이겨내는 것이 더 쉽지 않다. 더는 그 어떤 미래의 계획들이 실현되지도 못한다. 함께 했던 많은 약속은 지킬 수 없는 약속이 되며 꿈꾸고 기대했던 순간은 다시 경험할 수 없는 일이 된다.

무상을 이해하고 받아들이는 것은 삶을 근본적으로 변화시킬 수 있는 힘이 된다. 모든 것은 생성과 소멸의 연속된 과정 속에 있으며 아무것도 영원하지 않다. 아무것도 영원하지 않고 계속해서 변한다는 것을 받아들여야 내가 느끼는 고통으로부터 자유로워질 수 있다. 변하지 않을 거라고 믿었던 것이 변하고 사라지지 않을 거라고 생각했던 것이 사라질 때 대부분 스트레스와 슬픔을 얻기 때문이다. 무상을 이해하고 나면 현재의 순간에 더 집중하고 감사할 수 있다.

무엇이든 변하기 때문에 현재가 오히려 더 소중하게 느껴지는 것이다. 또한 실패와 상실을 겪었을 때 더 강하게 회복할 수 있는 것도 무상의 마음을 가졌을 때 이룰 수 있다. 태어난 모든 것은 죽음으로 돌아가고 모아진 것은 반드시 흩어진다는 사실을 받아들이는 것이 쉽진 않을 것이다. 하지만 친했던 친구도 언젠가는 만나지 않게 되는 날이 오고 평생을 함께할 것 같았던 사람이 죽음을 맞이하는 경우도 있다. 인생에 있어서 어쩔 수 없는 일이다.

27

" 생선 싼 종이에서는 비린내가 나고 향을 싼 종이에서는 향 냄새가 난다. "

- 석가모니 -

■ **있는 그대로 받아들이는 것**

석가모니가 제자들과 함께 길을 걷고 있었다. 그때 길가에 떨어진 종이를 보고 제자에게 가서 냄새를 맡아보라고 했다. 어떤 냄새가 나냐는 질문에 제자는 답한다.

"향 냄새가 납니다. 아마 향을 쌌던 종이 같습니다."

다시 길을 가다가 이번에는 새끼줄 한 토막을 발견한다. 이번에도 가서 냄새를 맡아보라고 하자 제자는 이런 대답을 한다.

"생선 냄새가 납니다."
"왜 생선 냄새가 나는 것 같으냐?"
"아마 생선을 꿰었던 새끼줄인가 봅니다."

이 일화는 단순해 보이지만 많은 메시지를 담고 있다. 동서양을 막론하고 세계 각지의 철학과 문학에서는 원인과 결과라는 개념을 중요하게 생각한다. 인과율은 모든 철학에서 흔적을 찾아볼 수 있는 주제다. 어떤 결과는 어떤 원인에 대한 반응이다. 생선을 싼 종이에서 생선 냄새가 나는 것은 당연하다. 향을 싼 종이에서 향 냄새가 나는 것도 당연하다. 생선을 싸고 향을 싼 원인이 있으니 말이다. 이 일화는 우리의 일상생활 속 인과관계가 얼마나 중요한지를 보여준다.

우리가 살아가는 세상은 원인과 결과로 가득 차 있다. 내가 내리는 모든 결정, 행동, 심지어 생각까지 모든 것은 결과를 낳는다. 내 행동과 선택이 우리의 삶에 미치는 영향을 생각하면 보다 신중하게 행동하고 결정하게 된다. 부정적인 행동을 많이 하면 부정적인 결과가 나올 것이고 선하고 순한 행동을 많이 하면 그에 상응하는 결과가 나올 것이다. 특히 요즘 시대는 빠른 결과를 추구한다. 당장이라도 결과를 얻고 싶기 때문에 내가 하는 행동의 인과관계를 따지려고 하지 않는다. 그럴 때일수록 오히려 더 신경을 써야 한다. 지금 내가 하는 행동이 나중에 어떤 결과를 만들어낼지 아무도 모르기 때문이다. 잊지 않아야 한다. 원인이 있으면 반드시 결과가 있다. 생선 싼 종이에는 생선 냄새 나고 향을 싼 종이에는 향 냄새가 난다.

28

**" 일이 쉽게 되기를 바라지 말라.
쉽게 되면 뜻을 경솔한데 두게 된다.
여러 겁을 꺾어서 일을 성취하라. "**

- 석가모니 -

■ **쉬운 성공**

무언가를 이루고자 할 때 그것을 천천히 이루고 싶은 사람보다 빨리 이루고 싶어 하는 사람이 월등히 높다. 반대로 어떤 문제를 겪었을 때 역시 천천히 해결되기보다는 빨리 해결되길 원하는 사람이 많을 것이다.

쉽고 편한 것을 찾는 건 인간의 본성이다. 경제적인 측면에서도 빠르게 도달하고 빠르게 해결하는 것이 좋을 수 있다. 하지만 중요하게 생각해야 하는 것은 쉽게 무언가가 해결되고 진행된다면 점점 깊이 있는 사고와 성찰을 게을리하게 된다는 것이다. 만약 자신이 겪는 문제가 행운에 의하여 쉽게 해결된다면 비슷한 어려움을 겪었을 때 적절하게 대처할 수 있는 능력을 쌓지 못하게 된다. 더 크고 어려운 문제를 직면하면 그대로 무너질 수 있다. 쉽게 목표를 달성하는 것은 내면의 동기를 떨어트리는 일이 된다. 쉽게 가질 수 있는데 어떤 사람이 굳이 노력이라는 것을 하겠는가. 실패도 실패하는 이유가 있고 성공하는 것도 성공하는 이유가 있다. 단순히 실패하거나 성공한다는 결과로 보는 것이 아니라 그 과정에서 내가 무언가를 깨달았는가가 중요하다. 그것을 알기 위해서는 어려운 일을 통해 스스로를 극복하고 여러 겹을 깎으면서 나아가는 과정이 필요하다. 자신의 진정한 내면의 힘을 발견할 수 있는 건 어려움 속에서다.

29

"비록 잘못이 있더라도
잘못을 다시 짓지 않으면
그는 이 세상을 비추리."

- 석가모니 -

■ 실수와 잘못

실수는 의도하지 않은 결과를 일으키는 행위를 뜻한다. 조심하지 않아서 생기는 일 같은 것이다. 잘못은 잘하지 못하여 틀리거나 옳지 못하게 행동한 것을 뜻한다. 실수와 잘못은 서로 뜻이 비슷하기도 하고 다르기도 하다.

두 단어의 뜻과 상관없이 변하지 않는 점은 인간은 누구나 실수하고 잘못을 저지른다는 것이다. 그 어떤 사람도 한 번도 실수하지 않은 사람은 없다. 단 한 번도 잘못을 저지르지 않은 사람도 없다. 중요한 것은 그 실수와 잘못을 어떻게 대처하고 극복하느냐이다. 절대 반복하지 않아야 한다. 자신의 행동을 깊게 뉘우치고 개선해야 한다. 단순히 과거를 잊으라는 것이 아니다. 과거의 행동에서 배우고 그 깨달음을 통해 나 자신을 더욱더 나은 사람이 되게 하는 것이다. 실수나 잘못을 인정하는 것은 올바른 자아 인식의 첫걸음이다. 자아 인식이 된다면 변화와 개선으로 이어질 수 있다.

생각해 보면 꽤 많은 기억이 날 것이다. 같은 실수와 잘못을 반복했던 적이. 혹은 어떤 사건이 생겼고 그 사건에 큰 영향을 끼친 것이 나임에도 불구하고 온갖 이유를 말하며 스스로를 보호하려고 했던 적도 있을 것이다. 나의 잘못을 인정하고 반복하지 않기로 결심하는 것은 단순히 외적인 변화에 그치지 않는다. 이러한 결정은 오히려 나의 영혼과 마음, 내적 성장을 증진 시키는 행위가 된다. 내가 어떤 약점을 가지고 있는지 내가 어떤 한계가 있고 어떤 안 좋은 마음이 담겨 있는지를 찾을 수 있게 된다. 문제를 발견해야 개선으로 이어질 수 있다. 내면을 들여다보면서 인정하고 개선하는 것은 궁극적으로 나를 더 좋은 사람이 되게 한다.

9세기에 영국을 통치하던 알프레드 대왕이 있다. 통치 초기에 바이킹 침략자들과의 전투에서 많은 어려움을 겪었다. 심지어 왕국에서 쫓겨나 근처 숲에서 은신하면서 지낼 정도였다. 하지만 알프레드는 지난 전투에서 자신이 무엇을 잘못하고 무엇을 실수했는지 면밀히 파악하기 시작했다. 그 결과 법과 행정을 개혁해서 훨씬 더 효율적이고 조직적인 운영 체계를 만들었다. 이뿐만 아니라 영국 전역에 수많은 요새를 건설하여 요새화 작업을 실시했고 이 요새들은 바이킹의 공격에 효과적으로 대응할 수 있는 좋은 전략이 됐다. 결국 그는 영국의 역대 왕 중에 유일한 대왕 호칭을 받는 왕이 됐다.

실수와 실패는 불가피하다. 하지만 그것을 통해 어떻게 변화할 것인가는 내 몫이다.

30

" 살아있는 모든 것은
다 행복하라, 평안하라, 안락하라. "

- 석가모니 -

■ 자비로움에 대하여

석가모니는 자비를 강조했다. 여기서 말하는 자비는 감정이나 태도가 아니다. 모든 존재에 대한 깊은 이해와 연민에서 비롯된 마음이다. 고통받는 이에게 손을 내밀고 힘들어 보이는 사람을 이끌어주는 이타적인 마음을 뜻한다.

인간은 모두 삶의 어느 시점에서 고통을 경험한다. 고통에 대해 타인이 공감하고 그 고통을 이해하려고 노력할 때 비로소 덜 외롭게 느끼고 지지받고 있다고 느낀다. 자비심을 가진 사람은 다른 사람의 고통에 민감하게 반응하고 도움이 필요한 이에게 손을 내밀 준비가 되어있다는 것을 뜻한다. 자비로운 마음을 가진 사람이 늘어날수록 누군가가 겪는 고통의 강도는 낮아질 수 있다.

누가 나의 짐을 기꺼이 짊어지려고 하는 모습을 본다면 지지받고 있다고 느낄 것이다. 반대의 상황에서 힘들어 보이는 누군가에게 내가 기꺼이 손을 내밀면 그건 타인을 위해서뿐만 아니라 나에게도 좋은 일이 된다. 타인에게 자비롭게 행동함으로써 긍정적인 감정을 경험하고 그 긍정적인 경험은 우울감과 스트레스를 줄이고 자부심과 자기효능감을 올릴 수 있기 때문이다. 다른 사람을 돕는 행위는 돕는 사람에게도 행복감과 만족감을 제공한다. 자비로운 사람이 많아질수록 사회는 더 윤리기반의 사회로 발전될 것이다. 자비심, 정의, 평등, 존엄성, 존경과 같은 기본적인 인간의 가치를 중요하게 생각하는 사람들이 많아질수록 사회는 조금 더 나은 쪽으로 발전할 수 있다. 자비로운 마음을 가지고 싶은가? 그것의 시작은 이렇게 말하는 것일지도 모른다.

"살아있는 모든 것은

다 행복하라, 평안하라, 안락하라."

31

" 모든 재앙은 입으로부터 나온다.
함부로 입을 놀리거나 듣기 싫어하는 말을 하지 말라. "

- 석가모니 -

■ 말은 도끼다

마음에 남는 상처는 유독 오래간다. 눈에 잘 보이지 않기 때문이다. 그렇다면 어떤 것이 마음에 가장 많은 상처를 남길까? 바로 언어다. 언어 즉 말은 세상에서 제일 무서운 폭력일지도 모른다.

하루에도 몇십 건의 기사가 쏟아져 나온다. 누가 누구를 죽이고 다치게 하고 해를 가했다는 내용의 기사가 가득하다. 그런 기사에 꼭 들어가는 말이 있다. 말다툼 끝에, 라는 말이다. 점점 더 상대방을 위해 너그러운 말을 건네는 사람들이 사라지고 있다. 말 한마디로 상대방을 기쁘게 할 수 있고 말 한마디로 절대 지워지지 않는 상처를 줄 수 있다. 그렇기 때문에 더욱더 신중해야 한다. 바른말을 할 수 있는 몇 가지 방법이 있다.

1. 진실함

거짓말을 하지 않고 사실을 말하는 것은 신뢰 형성에 무척 도움이 된다. 대화에 신뢰가 없다면 아무리 많이 말해도 믿음직스럽지 못하다.

2. 이로움

말은 듣는 사람에게 이로워야 한다. 불필요하거나 해로운 말은 자제해야 한다. 내가 한 말이 상대방에게 어떻게 느껴질지 생각해 봐야 한다.

3. 친절함

말은 모름지기 친절하고 부드러워야 한다. 공격적이고 거친 말보다는 상대방을 존중하며 다정한 단어를 선택하여 말해야 한다.

4. 적절한 시기

모든 말은 때가 있다. 잘못했을 때 바로 미안하다고 말하는 것과 시간이 지나고 말하는 것에는 분명한 차이가 있다. 혹은 누군가가 힘들어하고 있는데 그 앞에서 자신의 자랑만 늘어놓으면 그것 역시 옳지 못한 행동이다.

하루도 거르지 않고 매일 하는 것이 말이다. 그 말을 어떻게 사용하느냐에 따라서 도끼가 될 수도 있고 누군가를 안아주는 따뜻한 이불이 되어줄 수도 있다.

32

" 그가 지은 공덕은
과거에 지은 모든 악행을 압도했나니
이 세상에 밝은 빛을 남겼도다.
마치 구름을 벗어난 달이 밝게 빛나듯. "

- 석가모니 -

■ 손가락 목걸이

아힘사까라는 한 사내가 있었다. 그 이름의 뜻은 생명을 해치지 않는다는 뜻이다. 아힘사까는 자라서 유명한 교육 도시로 유학을 떠난다. 그는 똑똑하고 성실했기 때문에 스승의 말을 잘 따랐다. 그는 스승과 아내에게서 깊은 총애를 받았다. 하지만 이 모습을 안 좋게 본 동료들이 스승에게 찾아가 아힘사까가 스승의 아내와 불륜을 저지르고 있다고 거짓말을 했다. 계속 거짓말을 하자 스승은 그 말에 넘어가고 말았다. 결국 스승은 아힘사까를 파멸로 이끌어야겠다고 다짐한다.

어느 날 스승은 아힘사까를 불러 말한다.

"내가 너에게 특별하고 희귀한 가르침을 주겠노라. 그러기 위해서는 남자든 여자든 천 명의 사람을 죽여야 한다."

아힘사까는 생명을 해치는 것이 내키지 않았지만 스승의 말이었으니 받아들인다. 그때부터 아힘사까는 사람을 죽이기 시작한다. 자신이 죽인 사람의 숫자를 기억하기 위해 죽인 사람들의 손가락을 하나씩 잘라 목걸이처럼 걸고 다녔다. 그래서 그는 손가락 목걸이라는 뜻의 앙굴리말라라는 이름을 가지게 된다.

999명을 죽이고 마지막 한 명을 남겨두었을 때 석가모니를 만난다. 앙굴리말라는 칼을 들고 석가모니의 뒤를 쫓아갔지만 아무리 달려도 따라잡을 수가 없었다. 마지막 한 명만 죽이면 특별하고 희귀한 가르침을 얻을 수 있었기에 앙굴리말라는 온 힘을 다하지만 절대 따라잡을 수가 없었다.

마침내 그는 포기하고 석가모니에게 왜 자신이 따라잡을 수 없는지 물었다.

"나는 멈추었지만 그대는 멈추지 않았다."

석가모니는 나는 생명을 해치는 것도 생명에 대한 폭력도 멈추었지만 그대는 생명을 해치는 것을 멈추지 않고 자비도 없었기에 멈추지 않은 건 그대라고 말했다. 이 한마디에 깨달음을 얻은 앙굴리말라는 그 자리에서 손가락으로 만든 목걸이를 풀어서 버린 뒤 살인을 멈추고 석가모니의 제자로 들어간다. 앙굴리말라는 이후 그 누구도 해치지 않는 수행자의 삶을 살다가 결국 아라한(대성인)이 된다.

이 일화는 아무리 큰 잘못이라도 뉘우치고 깨닫고 선행을 쌓으면 이미 저지른 악행을 뛰어넘을 수 있다는 메시지를 전달한다. 이미 일어난 일은 어떻게 할 수 없다. 하지만 지금부터는 다시 선택하여 다른 삶을 살 수 있다.

33

" 미움을 미움으로 갚으면
미움은 절대 사라지지 않는다. "

- 석가모니 -

■ 증오의 사슬

인간이 느낄 수 있는 감정 중 미움은 굉장히 강력한 감정이다. 심지어 한 번 발생하면 쉽게 사라지지 않는다. 믿었던 사람이 상처를 주거나 배신한다. 서로 다른 신념, 가치관으로 갈등이 생긴다. 타인의 성공이나 능력이 너무 탐나는 바람에 미움이 생길 수도 있다. 잘못된 정보로 편견이나 선입견이 생겨서 타인을 잘못 평가하는 과정에서 미움이 생길 수도 있다. 혹은 나 자신을 방어하기 위해서 타인을 미워할 수 있다. 이토록 미움을 느낄 수 있는 상황은 무수히 많이 일어난다.

미움이 생기는 것은 자연스러운 현상이지만 미움을 마음에 오래 품고 있는 것은 다른 문제다. 누군가를 향한 미움이 마음에 오래 잡고 있으면 스트레스, 불안, 우울증 같은 정신건강에 문제가 생길 수 있다. 심적으로 계속 힘드니 몸에 이상이 나타나기도 한다. 몸과 마음은 연결되어 있기 때문이다. 이뿐만이 아니다. 미움을 오래 품으면 자신을 둘러싼 모든 인간관계에 계속 부정적인 영향을 미친다.

이럴 때 많은 사람이 선택하는 건 미움을 미움으로 갚는 것이다. 상대방의 부정적인 행동이나 태도에 똑같이 부정적인 방식으로 대응한다. 내가 공격받은 만큼 공격한다. 하지만 이러한 행동은 갈등을 심화시키고 내 안의 미움을 더 키우는 일밖에 되지 않는다. 금방 해결될 수 있는 일도 서로 계속 미움으로 갚다 보면 더는 손 쓸 수 없을 만큼 커진다. 한 명은 어떻게든 미움을 끊어내야 한다. 그러기 위해서는 자비와 용서의 마음이 필요하다. 다른 사람의 입장을 이해하고 고통에 공감하는 것이 자비다. 이해하고 공감하려는 노력은 미움보다 평화를 추구하게 만든다. 용서는 이 과정에서 미움의 사슬을 끊을 수 있는 중요한 역할을 한다.

지금 현대 사회는 갈등이 만연하다. 미움을 미움으로 갚는 것은 부정적인 감정을 더 증폭시킬 뿐이다. 미움을 맞이했을 때 미움을 미움으로 갚는 것이 아니라 자비와 이해, 용서를 베풀어야 한다.

34

" 지나간 일에 대해 집착하지 않고
미래에 대해 근심하지 않는다. "

- 석가모니 -

■ 현재의 가치

시간은 흐른다. 과거에서 현재로 현재에서 미래로. 흘러
가는 대로 그대로 두면 괜찮은데 그러지 않은 경우가 많다.
이미 지나간 과거를 집착으로 붙잡고 있는 것. 아직 오지 않
은 미래를 근심하는 것. 이 두 가지다.

대부분 과거에 대한 집착은 아쉽거나 속상하거나 상처였
던 기억이다. 이 기억을 계속해서 되새김질한다. 과거에 대
한 집착은 내가 내 정신적인 자유를 스스로 억압하는 것이

다. 현재를 제대로 살아가지 못하게 하며 진정한 행복을 찾는데 큰 장애물이 된다. 과거는 이미 지나갔다. 이미 지나간 시간을 계속 괴로워한다고 해서 나아지는 것은 없다. 물론 과거를 통해서 배울 수 있는 것도 있다. 깨달음을 얻을 수도 있다. 과거를 완전히 버리라는 말이 아니라 집착하지 않아야 한다는 말이다. 과거는 분명한 힘이 있고 지혜가 있는 것은 사실이다. 하지만 집착은 다른 문제다.

미래를 근심하는 것도 마찬가지다. 아직 오지 않은 미래의 불안을 미리 가져와서 생각하는 건 많은 에너지가 든다. 미래의 가장 큰 특징은 불확실하다는 것이다. 오래전부터 많은 사람이 미래를 예측하려고 애쓰는 것도 그런 이유 때문이다. 인간은 불확실한 것을 좋아하지 않는다. 어떻게든 확실하고 싶어 하기 때문에 미래를 예측하려고 한다. 미리 계산하고 생각하고 걱정하고 대비하는 것은 좋지만 지나칠 정도로 걱정하는 것은 옳지 못하다. 미래를 걱정하고 불안해할 시간에 현재를 충실하게 살면 내가 걱정했던 미래는 찾아오지 않는다.

과거를 바꿀 수는 없다. 아직 오지 않은 미래를 통제할 수도 없다. 내가 할 수 있는 건 현재를 충실하게 사는 것 그뿐이다.

3장

" 지금을 살아라 "

" 자신을 해치는 그릇된 행위는 쉽게 할 수 있어도
자신을 지키는 올바른 행위는 행하기가 어렵다. "

- 석가모니 -

■ 나를 지킨다는 것

인간은 본성적으로 자기 파괴적인 성향을 가지고 있다.
즉각적인 만족감을 원하기 때문이다. 예를 들어 스트레스가
많은 상황이나 기분이 안 좋을 때 술을 마신다. 혹은 과식을
한다. 이런 방법을 선택하는 것은 즉각적인 해방감을 느낄
수 있기 때문이다. 장기적으로 볼 때는 정신적, 육체적으로
해로운 영향을 미치지만 순간 빠르게 만족감이 오기 때문에
대부분 그런 선택을 더 쉽게 한다.

반대로 나를 지키는 행위를 선택하는 건 많은 시간이 필요하다. 또 많은 노력도 필요하다. 기분이 안 좋거나 스트레스가 쌓였을 때 규칙적인 운동이나 충분한 수면, 건강한 식습관을 유지해야 한다는 것은 모두가 다 알고 있을 것이다. 하지만 그걸 선택하지 않는 이유는 즉각적인 보상이 오지 않기 때문이다. 나를 해치는 행위는 즉각적인 만족감을 주지만 나를 지키는 행위는 즉각적인 만족감을 주지 않는다.

과식을 하거나 술을 마시거나 하는 것뿐 아니라 인간관계에서도 비슷한 모습을 보인다. 갈등이 있는 상황에서 화를 내거나 상대방에게 상처를 주는 것은 순간적으로 분노를 풀기에 쉬워진다. 하지만 결국 관계가 파괴되거나 감정을 조절하지 못했다는 죄책감에 사로잡혀 자기 자신을 미워할 수도 있다. 단기적인 만족을 추구하는 것이 쉽고 편할 수 있으나 장기적인 관점에서 바라보면 나를 지키는 올바른 행위가 결국 더 큰 선물을 가져다준다. 나를 해치는 선택과 나를 지키는 선택 사이에서 본능에 따르기보다는 더 의식적으로 접근해야 한다. 그래야 더 풍부하고 만족한 삶을 살 수 있을 것이다. 당연해 보여도 내가 나를 지키는 것이 가장 어려운 법이다.

36

" 전장에서 코끼리가 화살을 견디듯
나도 비난을 견뎌내리라. "

- 석가모니 -

■ 비난을 초월할 용기

비난을 견뎌야 한다는 석가모니의 깨달음과 어울리는 인물이 있다. 넬슨 만델라라는 사람이다. 남아프리카공화국 최초의 흑인 대통령이자 흑인인권운동가다. 대학교에 다니던 그는 흑인 친구가 백인에게 모욕당하는 것을 보고 처음으로 인종차별의 부당함을 느꼈다. 당시 남아프리카공화국의 상황은 처참했다. 백인들의 흑인 탄압은 날이 갈수록 심해졌고 이에 반발하는 흑인들도 테러를 통해 보복하고 있는 상황이었다. 만델라는 흑인 인권을 위해서 투쟁을 하기 시작했다. 하지만 그 과정이 순탄할 리는 없었다. 국가 반역죄로 체포가 되기도 하고 테러리스트로 낙인이 찍히기도 했다. 심지어 수십 년간 감옥 생활까지 했다. 하지만 만델라는 끝까지 인내하고 자신의 신념을 지켰다. 그 인내는 결국 수많은 화해를 이끌었고 결국 노벨평화상까지 받게 된다.

누구나 다 타인으로부터 비난을 받는다. 직장에서 상사의 지적을 받을 수 있고 친구나 가족으로부터 불만을 들을 수 있다. 비난을 받으면 자존감이 흔들리고 내 행동과 결정에 의심을 하게 만든다. 하지만 비난은 직면해야 하는 것이다. 직면하고 또 직면하면서 마음의 힘을 길러서 극복해야 하는 문제다. 비난은 타인의 의견일 뿐이다. 맞는 말일 수도 있고 맞지 않는 말일 수도 있다. 맞는 말이라면 자기 성찰을 통해서 자신을 개선할 수 있는 기회로 삼으면 된다. 틀린 말이라고 생각된다면 무시하고 견뎌내면 된다. 결국 뜻이 있는 사람은 비난을 받을 수밖에 없다. 하지만 코끼리가 전장에서 화살을 견디듯 나도 비난을 견뎌야 내가 원하는 목적을 이룰 수 있을 것이다.

37

" 선을 심으면 복을 얻고
악을 심으면 재앙을 얻는다. "

- 석가모니 -

■ 파종과 수확

옛날에 한 왕이 있었다. 왕은 능력도 출중하고 힘도 강했기에 그의 통치 아래서 왕국은 끊임없이 번영했다. 하지만 시간이 지나자 왕은 자신의 성공을 당연한 것으로 여기며 점차 오만해지기 시작했다. 주변 사람들의 조언을 듣지 않고 자신이 가진 힘과 부를 과시하기에 바빴다.

어느 날 왕은 사람들을 모아놓고 곧 대규모 사냥 행사를 할 것이라고 선포했다. 당시에 먹을 것을 구하기 위해서 사냥하는 것은 당연한 일이었지만 자신의 힘을 과시하기 위해서 필요 이상의 사냥을 하는 건 분명 옳지 못한 일이었다. 주변에서 많은 사람이 말렸지만 결국 왕은 행사를 진행한다. 이때 많은 동물이 비극적으로 죽어 나갔다. 이 모습을 보고 백성들이 크게 분노했지만 왕은 여전히 자신의 오만함에 빠져 자신의 잘못을 인정하지 않았다. 이 일은 그냥 지나가는가 했지만 시간이 흘러 왕국에 여러 문제가 생기기 시작한다. 각종 자연재해가 왕국에 피해를 입히기 시작했고 내부에서는 조금씩 반란이 일어나기 시작한다. 그때 왕의 건강도 안 좋아져서 건강상 여러 문제에 시달린다. 왕은 그제야 깨닫는다. 자신이 필요 이상의 동물을 죽였기 때문에 벌을 받은 것이라고. 왕은 자신의 오만함과 무자비함을 뉘우치며 남은 생을 더 나은 통치와 백성들의 복지 증진에 헌신하기로 결심한다.

우리가 행하는 모든 행동에는 그에 상응하는 결과가 따른다. 이는 단순히 물리적인 행동에 국한되지 않고 생각이나 말, 의도까지 다 포함한다. 오만함에 빠진 왕이 백성의 의견을 무시하고 대규모 살상을 한 결과로 온갖 고통에 시달리게 된 것도 이 때문이다. 왕의 모습을 오늘날 기업으로 비유한다면 더 이해가 쉬울 수 있다. 정직하고 투명하게 행동하는 기업은 장기적으로 고객의 신뢰를 얻는다. 반대로 이익을 위해서 속임수나 비윤리적 결정을 내린다면 결국 기업은 신뢰를 잃을 것이다. 선을 심으면 복을 얻고 악을 심으면 재앙을 얻는 사례는 무수히 많다. 우리의 행동과 선택이 장기적으로 어떤 결과를 만들어 낸다는 것을 꼭 인지하고 있어야 한다. 그래야 보다 나은 미래를 위한 선택을 내릴 수 있다.

38

**" 타인의 삶과 비교하지 말라.
해와 달은 서로 비교하는 법이 없다.
그들은 단지 그들의 시간대에서 빛나고 있을 뿐이다. "**

- 석가모니 -

■ 나만의 속도로 사는 것

불행의 시작은 남과 나를 비교하는 것이다. 나 자신으로
도 충분히 행복할 수 있지만 비교를 시작하는 순간 불행으
로 빠져든다. 10평짜리 집에서 아무런 문제 없이 잘 지내던
사람이 50평짜리 집을 가지고 있는 사람과 자신을 비교하기
시작하면 절대 행복할 수가 없다. 문제는 요즘 세상은 비교
하기 너무 좋다는 것이다. SNS의 확장으로 인간은 끊임없이
다른 사람의 삶과 자신을 비교하게 됐다.

자신의 삶을 타인과 비교하기 시작하면 현재 상황에 만족

하기 어렵다. 불필요한 경쟁의식이 생겨날 뿐만 아니라 타인과 자신을 비교하는 과정에서 다른 사람의 장점과 나의 단점이 강조되기 때문이다. 그런 말이 있지 않은가. 누군가의 가장 잘 된 모습과 나의 가장 초라한 모습을 비교하지 말라는 말. 그 말처럼 현실과 왜곡된 비교를 만들어내고 그 비교는 개인의 자존감에 부정적인 영향을 미칠 수 있다. 사람은 저마다의 독특함이 있다. 다 다른 환경에서 다 다른 배경과 재능으로 삶을 경험하며 살아간다. 비교는 나 자신과 하는 것이다. 어제의 나와 오늘의 나를 비교하는 것이지 타인과 비교하는 것이 아니다. 타인과의 비교는 불필요한 집착과 욕망을 조장할 뿐이다. 각자의 삶에서 자기가 중요하다고 생각하는 가치와 목표에 집중해서 진정한 만족과 행복을 추구하면서 살면 된다. 해가 빛나는 시간이 있고 달이 빛나는 시간이 있듯이 말이다. 나만의 속도로 나만의 빛으로 나만의 인생으로 살아가면 된다.

39

" 사랑하는 사람을 백 명 가진 자에겐
백 가지 괴로움이 따른다. "

- 석가모니 -

■ 사랑과 애착

사랑은 인간의 고유한 감정이자 가장 강력하고 영향력이 강하다. 하지만 애착과 사랑은 다르다. 애착은 사랑에 집착이 붙어있는 것과 같다. 세상에 존재하는 그 무엇이 내 것인 게 있는가? 하지만 사랑하면 그것을 소유하고 싶어진다. 사람이든 물건이든 정신이든 사랑이 깊어지는 순간 소유욕이 생기고 그 소유욕은 집착을 만들어낸다.

사랑이 있는 곳에 괴로움이 있는 것도 이 때문이다. 그 무엇도 내 것이 아니라는 것은 그 무엇을 잃거나 그것으로부터 분리되더라도 상실감을 느끼지 않아야 한다. 지금 내가 사랑하는 것들과 멀어진다고 생각하면 과연 견딜 수 있겠는가? 수많은 고통에 휩싸일 것이다. 사랑하는 것이 많아지면 괴로움도 많아진다. 백 명을 사랑하는 사람에겐 백 가지 괴로움이 뒤따를 수밖에 없다.

사랑을 하지 말라는 뜻이 아니다. 올바르게 사랑하라는 것이다. 올바르게 사랑한다는 건 조건 없는 사랑이다. 집착이 없는 사랑이다. 애착에 기반한 사랑이 아니라 자유로운 마음에서 우러나오는 사랑이다. 상대를 있는 그대로 받아들이고 상대방의 행복을 진정으로 빌며 그 사람의 자유를 존중해주는 것이다. 소유하려고 하는 것이 아니다. 관계를 통해서 자신의 가치를 측정하는 것도 아니다. 조건 없는 사랑과 연민의 마음으로 집착 없는 사랑을 해야 고통이 뒤따르지 않는다.

40

**" 타인이 널 좋아하도록 너 자신을 바꾸지 말라.
오로지 솔직한 너 자신이 된다면
올바른 사람은 진짜 너의 모습을 사랑하게 될 것이다. "**

- 석가모니 -

■ 있는 그대로의 모습

사랑하는 것이 인간의 고유한 감정이듯 사랑받고 싶은 것도 인간의 본능이다. 사랑하는 대상을 소유하려 드는 집착이 문제가 되듯이 사랑받고 싶은 그 마음이 거대해져 집착으로 이어지는 것도 경계해야 한다. 사랑 받고 싶은 욕구가 집착으로 변하면 다른 사람의 인정과 사랑을 얻기 위해 스스로를 변화시킨다. 사랑 받기 위해 자신을 변화시키는 것은 단기적으로 타인의 기대에 부응할 수 있을지는 모르겠지만 멀리 보면 자신의 정체성을 상실하는 일이 된다. 진정한 자아를 잃어버린다. 내가 아닌 모습으로 평생을 지낼 수는 없는 노릇이다. 누구나 다 장점이 있다. 반대로 누구나 다 단점이 있다. 자신의 원래 모습 그대로를 유지한다는 것은 나의 취약점까지도 포용하는 것을 의미한다. 나를 수용하는 것은 나의 자존감의 기초가 되어준다.

내가 누군가에게 매료됐던 순간을 떠올려보자. 자신을 감추고 연기하는 사람이 아니라 솔직하게 표현하는 사람에게 끌린다. 꾸밈이 있는 말과 행동에서는 진정성을 느끼지 못한다. 진정성이 없으면 더 큰 신뢰와 유대감을 쌓을 수 없다. 피상적인 수준에서 겉으로 맴돌 뿐이다. 많은 사람이 모두가 다른 시험에 놓였다는 것을 깨닫지 못한 채 그저 타인을 흉내 내며 살기에 불행을 마주한다. 타인을 시샘하지 말아야 한다. 타인은 경계하지 말아야 한다. 그저 나 자신이 최선의 모습이 되는 것에만 몰두해야 한다. 상대방이 원하는 모습으로 내가 바뀌거나 사랑받으려고 노력해야만 이어지는 관계는 어차피 끝날 관계다. 올바른 사람은 내가 어떤 모습을 하고 있든 그대로 나를 사랑한다.

41

> " 금세 짜낸 우유가 상하지 않고
> 재에 덮인 불씨가 꺼지지 않듯이
> 지은 업은 당장에는 보이지 않지만
> 그늘에 숨어 그 사람을 따른다. "

- 석가모니 -

■ 행동의 힘

주택가나 산에서 크게 불이 나는 경우가 있다. 걷잡을 수 없을 정도로 많은 것을 태우지만 그 발단은 작은 담배 꽁초 때문일 때가 많다. 불씨를 다 끈 줄 알았던 담배꽁초에서 불이 붙는 것이다. 지금 당장은 괜찮아 보여도 불씨가 살아 있다면 어느 때라도 불은 난다. 산 하나를 다 태우고 동네 하나를 다 태울 만큼 말이다.

인간의 행동은 즉각적인 결과로 이어지지 않는 경우가 많다. 좋은 일이든 나쁜 일이든 마찬가지다. 하지만 그렇다고 해서 우리가 지금 선택하고 행하는 행동이 미래와 연결되어 있지 않은 것은 아니다. 눈에 보이지 않거나 바로 나타나지 않을 뿐이지 모든 것은 연결되어 있다. 주변 사람에게 다정하고 근사한 말을 자주 건넨다고 하더라도 당장은 아무런 변화가 나타나지 않을 수 있지만 타인에 대한 친절과 존중이 쌓이고 쌓여서 누군가에게 나는 떠올리기만 해도 자연스럽게 기분이 좋아지는 사람이 될 수 있다. 반대의 경우도 마찬가지다. 몸에 안 좋은 음식을 먹어서 몸이 망가지고 있더라도 티가 나지 않는다. 술을 많이 마셔서 정신과 몸이 알콜에 잠식되고 있더라도 당장은 티가 나지 않는다. 그늘에 숨어있다가 때가 되면 등장한다. 문제는 겉으로 나타나는 순간 손쓰기 어려울 만큼 상황이 악화되어 있는 경우가 많다는 것이다. 좋은 것이든 나쁜 것이든 당장 티가 나지 않는다고 해서 방심하면 안 된다. 일상적인 선택이 미래에 어떤 결과를 가져올지는 아무도 모르지만 어떤 결과를 가지고 온다는 것만큼은 변하지 않는다.

42

" 나무 밑 작은 그늘에서 쉬었다면
고마운 줄 알아서 그 가지와 잎사귀
꽃과 열매를 꺾지 마라. "

- 석가모니 -

■ 지속 가능한 삶

환경 오염이 실로 심각하다. 지구 온난화와 탄소 배출, 미세 플라스틱, 대기 오염, 산림 파괴, 생물 다양성 감소, 폭우, 물 부족과 수질 오염 등 지구 곳곳이 멍들고 있다. 사람들은 자주 망각하면서 살아간다. 자연을 단순한 자원으로 여기는 경우가 많다. 인간의 필요와 편리함을 위해서 자연을 무제한으로 이용하려고 한다. 하지만 자연 역시 한정된 자원이다. 자연은 삶의 근원이며 생존과 가장 밀접하게 연결되어 있는 중요 요소다. 나무 밑 작은 그늘에서 쉬었다면 꽃과 열매를 꺾지 말라는 것은 자연에 대한 감사함을 마음에 품고 살아야 한다는 뜻이다.

자연에 대한 감사함이 기반되어 있지 않은 사람이 많아질수록 삶의 지속가능성은 떨어진다. 지금 우리나라 시골만 가봐도 그렇다. 예전엔 계곡이고 하천이고 물이 가득했지만 지금은 메말라 있는 곳이 태반이다. 계곡 하나, 나무 한 그루가 제공하는 그늘, 산소, 물, 영양분, 아름다움은 물질적인 가치로 환산할 수 없는 것이다. 삶의 근간이자 자연의 선물인 것이다.

우리가 지금 누리고 있는 자연을 보호하고 존중하는 것은 현세대뿐만 아니라 미래 세대를 위한 투자이다. 그늘에서 쉬었다면 꽃과 열매를 꺾지 말라는 것은 욕심에 대한 경고이기도 하다. 나무 밑 그늘에서 충분히 쉬고 나면 이제는 꽃을 가지고 싶고 열매를 가지고 싶은 게 사람 마음이다. 하지만 그런 마음은 탐욕에 지나지 않는다. 자연을 아끼고 존중하지 않는 마음에 지나지 않는다. 그 어느 것 하나 좋은 것이 없다. 욕심을 버리라. 자연은 단순히 이용하고 소비하는 자원이 아니라 존중하고 지켜야 하는 존재다. 자연에 대한 깊은 존중과 감사가 없다면 인간의 삶은 그다지 오래가지 못할 것이다.

43

" 엄청나게 많은 재산, 귀금속, 먹을 것을 가진 사람이 혼자서 독식한다면 이것은 파멸의 문이 된다. "

- 석가모니 -

■ 자산의 독식

한 사내가 있었다. 그 사내는 마을 근처의 대나무 숲에서 우연히 빛나는 대나무를 발견한다. 호기심에 그 대나무를 쪼개 보니 안에 금덩이가 들어있었다. 놀란 사내는 대나무 숲에 앉아 잠시 생각한다.

마을 사람들에게 이 사실을 말할까? 말하지 말까?

마을 사람들과 함께 빛나는 대나무를 찾아서 쪼갠다면

더 안전하고 더 빠르게 금을 찾을 수 있을 것이다. 그리고 마을 사람들이 모두 다 같이 부자가 될 수 있을 것이다. 하지만 사내는 금이 얼마나 더 있는지도 모르고 우연일 수도 있으니 우선은 비밀로 하기로 결심한다. 다음 날 다시 와서 빛나는 대나무를 찾아서 또 쪼개봤더니 이번에도 금덩이가 들어있었다. 황금 대나무 안에 금이 들어있다는 것이 확실해지자 사내는 점점 더 탐욕이 생기기 시작한다. 결국 그는 마을 사람 누구에게도 말하지 않고 혼자서 금을 독식하기로 한다.

그러던 어느 날 자신이 감당할 수 없을 만큼 많은 금을 가지고 마을로 내려오다가 그만 마을 사람들에게 발각되고 만다. 사내는 나눠 가지려고 했다고 설명했지만 마을 사람들은 사내의 말을 듣지 않았다. 마을 공동의 재산을 사내 혼자서 독차지하려고 했다고 여기고 그를 마을에서 추방시킨다. 마을 사람들은 무슨 일이 생길지 모르니 당분간은 아무도 대나무숲에 가지 말자는 규칙을 세운다. 사내는 자신의 이기심을 후회하는 듯했으나 금덩이에 눈이 멀어서 마을 사람들이 잠들어있는 틈에 대나무숲에 몰래 들어간다. 밤이라

잘 보이지도 않았지만 사내는 눈에 보이는 대나무를 무작정 자르기 시작했다. 하지만 얼마 지나지 않아서 숲이 무너지고 만다. 사내는 그 대나무 아래 깔려 목숨을 잃게 된다.

석가모니는 왕자로서 태어나 모든 물질적 풍요를 누렸지만 그것이 진정한 행복과는 거리가 멀다고 생각했다. 오히려 탐욕은 고통의 원인이라고 말했다. 소수의 사람이 대부분의 자원과 부를 독점하는 것은 불평등을 증가시키는 것뿐만이 아니라 스스로의 내면에도 부정적인 결과를 초래한다. 탐욕은 끝이 없기 때문에 탐욕에 가득 찬 사람은 결코 만족을 하지 못한다. 더 많이 가지려는 욕구가 계속해서 늘어나기 때문에 진정한 행복을 경험하기 힘들다. 누군가가 많은 재산을 올바른 방법으로 모았다면 칭찬받아 마땅한 일이다. 그만큼의 노력과 시간, 마음을 사용했을 테니까. 하지만 그렇게 많이 모은 재산을 혼자서 다 쓰기는 어려울 것이다. 그 재산을 자신을 위해서 쓰면 한 사람만 만족하지만 힘든 사람을 위해 베풀겠다는 마음을 가지면 여러 사람을 구할 수도 있다. 베풂의 가치를 기억하길 바란다.

44

" 인간에게는 여덟 가지의 괴로움이 있다. "

- 석가모니 -

■ 고통의 종류

인간에게는 여덟 가지의 괴로움이 있다.

1. 생고 : 인간이 태어나는 과정 자체에 수반되는 고통

2. 노고 : 나이가 들면서 신체적, 정신적 퇴화와 그로 인한 고통

3. 병고 : 질병과 부상으로 인한 신체적, 정신적 고통

4. 사고 : 죽음을 맞이하는 과정과 사랑하는 이의 죽음에 대한 슬픔

5. 애별리고 : 사랑하는 사람과의 이별이나 사별로 인한
고통

6. 원증회고 : 싫어하거나 원치 않는 사람과 어쩔 수 없이
만나야 하는 고통

7. 구불득고 : 갈망하거나 원하는 바를 이루지 못했을 때
겪는 실망감과 고통

8. 오음성고 : 인간이 가지는 오음에서 생기는 고뇌

여덟 가지 고통 중에서 어떤 것이 가장 크다고 말하기는
애매할 수 있다. 사람마다 느끼는 고통의 크기와 종류가 다
다르기 때문이다. 하지만 여덟 가지 고통 중에서 중요하게
봐야 하는 것은 구불득고다. 다른 고통은 다 인간이라면 기
본적으로 가지고 태어나거나 어떤 사건에 의해서 생기는 것
이다. 사랑하는 사람이 세상을 떠나거나 나이가 들어감에
따라 자연스럽게 노화가 찾아오는 것에서 고통이 온다. 구
불득고는 자신 마음의 문제다. 내가 갈망하거나 원하는 바
를 이루지 못했을 때 오는 고통은 내가 만들어 내는 것이다.
욕망과 탐욕이 얼마나 큰 고통을 안겨주는지 잘 알 수 있는
대목이다.

45

" 벙어리처럼 침묵하고
임금처럼 말하며
눈처럼 냉정하고 불처럼 뜨거워라. "

- 석가모니 -

■ **균형 잡힌 삶**

인간은 여러 감정을 느끼면서 살아간다. 말하고 듣고 느끼고 슬프고 기쁘고 외롭고 공허하며 행복하고 불행하다. 이런 감정과 반응이 모여 우리의 삶을 이룬다. 감정이 균형 잡힌 삶을 원한다면 벙어리처럼 침묵하고 임금처럼 말하며 눈처럼 냉정하고 불처럼 뜨거워야 한다.

벙어리처럼 침묵하라는 말은 말을 아껴야 한다는 뜻이다. 말의 힘을 나타낸다. 생각해 보면 굳이 말이 필요하지 않은 순간에도 말을 하지 않는가. 여러 사람이 모여 있을 때 서로 주고받는 대화의 주제가 어떤지만 봐도 그 사람의 모습이 대략 보인다. 침묵은 단순히 말을 하지 않는 것을 뜻하는 게 아니다. 상대방의 말에 귀 기울이고 말을 해야할 때와 하지 않아야 할 때를 구분하며 말의 무게를 인지하는 것이다. 때로는 말보다 침묵이 더 많은 이야기를 전달할 수 있다.

임금처럼 말하라는 것 역시 말의 힘을 나타낸다. 임금 말 한마디에 온 백성이 움직일 수 있다. 임금의 말 한마디는 한 나라의 운명을 좌지우지할 수 있을 정도로 영향력이 강하다. 만약 내가 임금이라면 어떻게 말하겠는가? 어눌하게 하겠는가, 명확하게 하겠는가. 불확실하게 말하겠는가, 정확하게 말하겠는가. 무책임하게 말하겠는가, 책임감 있게 말하겠는가. 임금처럼 말하라는 것은 명확하고 정확하고 책임감 있게 말해야 한다는 뜻이다.

눈처럼 냉정하라는 것은 감정을 조절해야 한다는 뜻이다. 인간은 감정으로부터 자유롭지 못한 존재다. 탐욕이든 슬픔이든 기쁨이든 욕망이든 늘 감정이 앞선다. 감정이 격해지

는 순간 감정에 휘둘리기 마련이다. 그럴 때일수록 냉정함
이 필요하다.

불처럼 뜨겁다는 것은 냉정과 반대의 상황을 말한다. 차
분해져야 하는 순간도 있지만 반대로 열정과 온기를 가지고
세상을 대해야 할 때도 분명히 있기 때문이다. 타인에게 자
비를 베푸는 것, 가진 것을 나누는 것, 수련하고 올바른 마
음으로 살겠다는 것 역시 의지가 있어야 가능한 일이다. 불
처럼 뜨겁다는 것은 그런 의지를 뜻한다. 때로는 벙어리처
럼 침묵하고 때로는 임금처럼 책임감 있게 말하고 때로는
눈처럼 냉정하며 때로는 불처럼 뜨겁게 살아야 한다.

46

" 아기가 엄마 품에 안기듯이 그 사람을 의지하고
다른 사람 때문에 사이가 멀어지지 않는
그런 사람이야말로 진정한 친구다. "

- 석가모니 -

■ 진정한 친구

인간관계는 부모 자식 관계, 사제지간, 동료 등 다양한 형
태와 깊이를 가지고 있다. 여러 관계 중에서도 특히 친구 관
계는 많은 사람에게 중요한 역할을 한다. 친구란 가까이서
함께 웃고 울며 많은 것을 공유하는 사이기 때문이다.

어떤 사람을 곁에 두느냐에 따라서 인생이 달라지는 것처
럼 어떤 친구와 함께하느냐에 따라서도 삶이 달라진다. 친
구는 삶의 폭풍 속에서 조용한 피난처 같은 존재다. 진정한

친구는 의지할 수 있는 존재여야 한다. 아기가 엄마 품에 안겨있을 때 아기의 세상은 그 무엇보다 편안하다. 가장 거대한 존재인 엄마에게 안겨있기 때문이다. 그만큼 친구라는 존재도 의지할 수 있는 사이여야 한다. 어려움이 생겼을 때 서로에게 안식처를 제공하고 아무리 그 어떤 위기가 찾아오더라도 변함없이 서로의 편이 되어주어야 한다.

다른 사람 때문에 사이가 멀어지지 않는다는 것은 불변의 관계를 뜻한다. 삶의 많은 것이 그러하듯 우리는 늘 시험대에 오른다. 우정도 마찬가지다. 모든 인간관계는 종종 외부의 영향으로 인해 시험대에 놓인다. 과연 이 사람이 진정한 친구인가? 나를 진정으로 생각하는 사람인가? 이렇게 의심하고 고민하는 순간이 찾아온다. 하지만 진정한 친구란 외부의 의견이나 상황, 환경에 흔들리지 않는다. 그 어떤 변화에도 흔들리는 일이 없다. 두 사람에게 있는 우정의 깊이가 너무 탄탄하여 흔들리지 않는 것이며 그런 관계는 서로에게 의존하기보다는 서로를 지지하며 각자의 성장을 돕는다. 진정한 친구는 때로는 서로에게 의지할 수 있고 외부의 영향으로부터 흔들리지 않으며 서로의 삶을 존중하는 관계다.

그런 친구가 한 명이라도 있다면 인생이라는 여정이 그리 힘들지 않을 것이다.

47

**" 울고 슬퍼하는 것으로는
마음의 평안을 얻을 수 없다.
괴로움이 더욱더 일어나고
몸이 상할 뿐이다. "**

- 석가모니 -

■ 겨자씨 이야기

옛날 옛적에 한 여인이 있었다. 그녀에게는 눈에 넣어도 아프지 않은 어린 아들이 있었다. 그런데 어느 날부터 시름 시름 앓기 시작하더니 갑자기 세상을 떠났다. 여인은 큰 슬픔에 빠져 울부짖다가 이내 실성하고 만다. 자신의 아이가 죽은 것이 아니라 많이 아픈 것이라고 생각하게 된다. 이미 죽어버린 아이를 안고 집마다 약을 구하러 다닌다. 그녀는 결국 석가모니에게까지 가서 약을 달라고 한다. 석가모니는 부드러운 목소리로 그런 약이 있다고 답한다.

"겨자씨다."

모두 깜짝 놀라는 말이었다. 죽은 아이를 살릴 수 있는 약이 겨자씨라니. 하지만 뒤에 한 마디를 덧붙인다.

"대신, 죽은 사람이 없는 집에서 얻어와야 한다."

그녀는 말이 끝나자마자 겨자씨를 찾으러 나섰다. 어려울 것 같지 않았다. 겨자씨는 구하기 쉬운 거였으니까. 어떤 집을 찾아가 겨자씨가 있냐고 묻자 그렇다는 대답이 돌아왔다. 그녀는 대수롭지 않게 다음 질문을 했다.

"이 집에 누군가 죽은 사람이 있습니까?"

그렇다는 대답이 돌아왔다.

다른 집들도 마찬가지였다. 겨자씨가 있는 집은 많지만 죽은 사람이 없는 집은 없었다. 며칠을 돌아다녀도 똑같았다.

"저희 집은 작년에 아버지께서 세상을 떠났습니다."

"우리 집에도 죽은 사람이 있습니다."

"제 동생이 어릴 때 세상을 떠났습니다."

"할아버지 할머니가 세상을 떠났습니다."

결국 그녀는 사랑하는 사람의 죽음으로 인해 고통받는 것이 자기 자신만이 아님을 깨닫는다. 사랑하는 사람을 잃는다는 것은 인간이 겪는 8가지 고통에 속할 만큼 큰일이다. 가슴이 미어지는 일이다. 사랑하는 자식이 부모보다 먼저 떠난다면 부모는 눈물이 마를 날이 없을 것이다. 하지만 만남이 있으면 헤어짐이 있고 탄생이 있으면 죽음이 있고 만들어지면 부서짐이 있다. 일어난 것은 사라진다. 영원하지 않기에 지금 이 순간을 더 소중히 여기며 있는 그대로 바로 보고 놓아주는 연습을 해야 한다. 슬프면 슬픔을 있는 그대로 바라보고 아프면 아픔을 있는 그대로 바라보는 것밖에는 방법이 없다.

48

" 여섯 가지 집착이 있기 때문에
온갖 재물을 탕진하고 악도에 들어가게 된다. "

- 석가모니 -

■ **가난해지는 6가지 이유**

6가지에 집착하기 때문에 가난해지고 악한 길에 빠진다.

첫 번째, 술을 좋아하여 놀아나는 것이다. 술은 일시적으로 기분을 좋게 하고 고통을 잊게 해준다. 하지만 의존하게 되면 각종 문제가 생긴다. 건강에 이상이 생기고 가정에 불화가 생기며 직장에서도 성실하지 못한다. 특히 술이 큰 문제가 되는 것은 가장 쉬운 유혹이라는 것이다.

두 번째, 성적인 욕망이다. 욕망에 지배되어 하면 안 되는 짓을 하는 것은 파멸로 이끄는 지름길이다. 사랑과 정의라는 가치를 손상시킨다.

세 번째, 도박에 빠지는 것이다. 도박은 일시적인 흥분과 기대감을 주지만 멀리 보면 모든 것을 앗아간다. 경제적 안전을 위협할 뿐 아니라 나를 둘러싼 모든 것을 파멸로 이끈다. 단 한 순간에 인생이 바뀌길 기대하는 것만큼 허망한 게 없다.

네 번째, 지나치게 쾌락을 추구하는 것이다. 쾌락에 대한 지나친 집착은 자기 통제의 부재를 나타낸다. 쾌락에 빠져서 지내는 사람이 가난해지는 것은 당연한 일이다.

다섯 번째, 나쁜 벗과 교제하는 것이다. 벗에서 부정적인 영향을 받아 나쁜 판단을 할 수 있다. 가족만큼 가까운 거리에서 영향을 주는 것이 친구다.

여섯 번째, 게으름을 피우는 것이다. 게으름은 자신의 잠재력을 떨어트린다. 능력을 발휘할 수 있는 것도 못 하게 만드는 것이 게으름이다. 성실하고 꾸준 하지 않은 사람이 가난해지는 것은 당연한 일이다.

인간의 삶은 다양한 유혹과 시험에 노출되어 있다. 아주 오래전부터 술, 욕망, 도박, 쾌락, 나쁜 벗, 게으름은 함정처럼 존재했다. 풍요로운 사람이 되고 싶다면 이 6가지부터 멀리해야 한다.

49

" 내 인생에서 가장 행복한 날은 언제인가.
바로 오늘이다.
내 삶에서 절정의 날은 언제인가.
바로 오늘이다. "

- 석가모니 -

■ **지금의 가치**

과거의 추억에 잠긴다. 미래를 계획한다. 혹은 근심한다.
그러면서 놓치는 것은 바로 현재다. 우리가 살아가야 하는
순간은 오로지 현재다. 오늘은 과거와 미래를 연결하는 다
리다. 오늘의 소중함을 알지 못한다면 행복한 삶을 살 수 없
다. 과거는 이미 지나갔고 미래는 아직 오지 않았으며 유일
한 것은 현재뿐이다.

내 인생을 행복하게 만드는 것은 나의 태도다. 나의 선택

이다. 올바른 선택과 마음을 가지려면 지금이 중요하다는 것을 알아야 한다. 지금이 중요하다는 것을 알면 자신의 삶이 의미 있어진다. 소극적으로 참여하는 것이 아니라 적극적으로 참여하게 된다. 올바른 방향으로 목적 있게 나아갈 수 있다.

행복은 외부에서 찾을 수 없다. 물질적 성취나 일상에서 일어나는 사건이 행복의 중심이 될 수 없다. 진정한 행복은 자신의 내면에서 시작된다. 매 순간을 소중히 여기고 지금을 충실히 살아가는 것에서 시작된다. 오늘을 살고 오늘을 느끼며 오늘을 누리는 것이다. 오늘 하루를 긍정적으로 시작하고 마무리하면 내일도 밝을 것이다. 밝게 시작한 내일은 다시 오늘이 된다. 그렇게 점점 행복한 삶을 살게 된다. 가치 있는 절정의 삶을 살게 된다.

내 인생에서 가장 행복한 날은 언제인가, 바로 오늘이다.

내 삶에서 절정의 날은 언제인가, 바로 오늘이다.

내 생애에서 가장 귀중한 날은 언제인가, 바로 오늘 '지금 여기'이다.

어제는 지나간 오늘이요, 내일은 다가오는 오늘이다.

그러므로 오늘 하루를 이 삶의 전부로 느끼며 살아야 한다.

50

" 눈을 자제하는 것은 좋은 일이다.
귀를 자제하는 것은 좋은 일이다.
코를 자제하는 것은 좋은 일이다.
그리고 혀를 자제하는 것은 좋은 일이다. "

- 석가모니 -

■ **감각과 평화**

눈, 귀, 코, 혀를 통해서 외부 세계와 소통한다. 보고 듣고
맡고 말하고 먹으며 즐거움을 얻고 사람들과 더불어 살아간
다. 하지만 그런 감각이 때로는 고통과 집착을 만들어낸다.

눈을 자제한다는 것은 보이는 것에 대한 집착을 조심해야
한다는 뜻이다. 시각적인 자극만큼 강렬한 것이 없다. 눈에
보이지 않으면 괜찮을 것도 막상 보이기 시작하면 안 괜찮
아지는 것이 인간이다. 불필요한 질투와 비교를 만들고 욕

망을 자극하는 것도 내가 바라보는 것에서 느껴진다. 눈을 자제한다는 건 눈에 보이는 외모, 물질적 소유 같은 것에서 벗어나 본질적인 가치에 집중하자는 뜻이다.

귀를 자제한다는 것은 중심을 잡는 일이다. 세상에는 너무 많은 정보와 말이 있다. 과부하 상태다. 수많은 잡음과 소음 속에서 마음의 평화를 유지한다는 건 쉬운 일이 아니다. 걸러낼 것은 걸러내고 진정 중요한 것에 귀를 기울여야 한다.

코를 자제한다는 것은 작은 부분까지도 신경 쓴다는 것이다. 냄새가 비록 다른 감각들보다 덜 직접으로 행동을 지배하는 것처럼 느껴질 수 있으나 냄새 역시 감정에 많은 영향을 미친다.

혀를 자제한다는 것은 말을 조심하는 것이다. 말은 관계에서 가장 중요한 역할을 한다. 무엇을 하더라도 말이 빠지지 않기 때문이다. 부주의한 말 한마디가 큰 오해를 일으키기도 하고 좋은 말 한마디가 사람을 살리기도 한다.

이 네 가지를 종합해 보면 모두 스스로 자기감정과 욕심을 억누르는 자제에 해당한다. 감정과 욕망을 스스로 억제하며 외부의 자극에 휘둘리지 않고 중심 있게 살아가기 위해선 감각을 조심해야 한다.

51

" 자기를 이기는 것이 가장 현명하니
사람 가운데 영웅이라 한다. "

- 석가모니 -

■ 진정한 영웅

어떤 사람을 진정한 영웅이라고 부를까? 전쟁을 승리로 이끈 사람? 무수히 많은 사람을 살린 사람? 인류의 평화와 복지 향상을 위해 헌신한 사람? 다양한 사람이 떠오르겠지만 사실 진정한 영웅은 자기 자신을 이기는 사람이다.

자기 자신을 이기는 게 어려운 이유는 오랫동안 자리 잡은 습관, 감정, 사고방식, 행동 등 모든 것을 변화시켜야 하기 때문이다. 어지간한 노력으로는 불가능한 일이다. 인간은 기본적으로 편안함을 추구하는 존재다. 인간에게 있어서 변화란 두렵고 불편한 것이다. 내가 나 자신을 변화시키려고 해도 자동으로 방어 기재가 형성 된다. 습관은 오죽할까. 다리 떠는 것처럼 작은 습관 하나도 고치는데 오래 걸리는데 자기 자신을 이기기 위해서는 안 좋은 습관을 모두 고쳐야 한다. 무언가를 꾸준히 한다는 것은 절대 쉬운 일이 아니다. 나 자신을 이겨내기 위해서는 외부의 유혹과 압박, 기대 모든 것을 이겨내고 내 행동과 감정의 근원을 명확하게 이해해야 한다. 심지어 그 과정을 기약도 없이 반복해야 한다.

진정으로 현명한 사람은 내면을 조절하고 자기 자신의 약점을 극복한다. 욕망의 노예가 되지 않고 감정에 휘둘리지 않으며 마주하는 많은 도전 앞에 침착하게 대응한다. 인간은 늘 전쟁을 하면서 살아간다. 여기서 말하는 전쟁이란 자신 내면의 전쟁이다. 눈에 보이지 않지만 매일 우리는 스스로와 싸우며 살아간다. 나에게 주어진 한계를 극복하고 성찰을 통해 자기 자신의 행동을 이해하게 되는 것. 그리하여 더 나은 선택을 하는 사람이 될 수 있도록 스스로를 이겨내는 것이야말로 진정한 영웅이다.

52

" 늙음과 병듦,
죽음은 이 세상에 보내진 세 명의 천사다. "

- 석가모니 -

■ 깨달음의 천사

애석하게도 인간은 무언가를 가지고 있을 때보다 잃을 때
더 많은 것을 배운다. 만약 이 세상에서 그 누구도 아프거나
늙지 않고 죽지도 않는다면 오히려 그 세상이 훨씬 더 지옥
일 것이다. 인간은 모두 늙고 병들고 죽는다. 이 세 가지는
대부분 두려움과 고통의 상징으로 여겨지지만 피할 수 없는
인생의 동반자다. 다른 관점으로 접근하면 여기서도 배울
수 있는 게 있다.

우리는 모두 시간의 흐름 속에서 나이를 먹으며 늙어간다. 늙어간다는 건 젊음의 에너지가 사라진다는 거지만 반대로 지혜와 성숙함이 생긴다는 뜻이기도 하다. 어릴 때는 몰랐던 것을 조금씩 알아간다. 그 과정에서 인생에서 진정으로 중요한 것이 무엇인지 깨닫는다. 이건 늙음이라는 천사가 주는 선물이다.

감기에 걸려서 지독하게 코가 막히면 그렇지 않았던 날을 간절하게 바라게 된다. 그 작은 일만 겪어도 아무런 고통 없이 그저 숨을 잘 쉬는 것이 감사해진다. 건강한 삶이 얼마나 중요한지 깨닫게 되는 건 아프고 나서다. 한 번 아파본 사람은 다른 사람의 아픔에 공감을 잘하는 것도 그 때문이다. 자신이 아파봤기 때문에 타인의 아픔이 보이는 것이다.

죽음은 모든 생명의 마지막이다. 죽음이 있기에 삶이 허무하다고 느낄 수 있지만 반대로 죽음이 있기에 진정으로 의미 있게 살려는 노력을 하게 된다. 영원하다면 매 순간이 어떻게 소중하겠는가. 인생의 끝이 있다는 사실을 통해 더욱 의미 있고 진정성 있는 방식으로 삶을 살아가야겠다는 동기를 부여받는다.

공포의 대상으로만 여겨졌던 것들에게서도 조금만 마음을 달리하면 배울 수 있는 것이 있다. 그 무엇이든 성장과 자각의 기회로 삼으려고 한다면 천사가 될 수 있다.

4장

" 진짜는 조용하다 "

" 비록 백 년을 산다 할지라도 마음이 어리석다면
고요한 마음을 지닌 사람이
단 하루를 사는 것만 못하다. "

- 석가모니 -

■ 길이보다는 깊이

하루에도 수십 개씩 새로운 의료기가와 약이 쏟아져 나온
다. 장수는 많은 사람이 바라는 이상적인 형태다. 하지만 단
순히 목숨이 살아있는 생존의 형태가 오래 지속되는 것보다
는 의미 있는 존재로 살아가는 삶을 추구해야 한다. 대부분
의 사람은 많은 시간을 그냥 흘려보내기 때문이다. 삶에 대
한 근본적인 고민을 충분히 하고 혼란과 소음으로부터 벗어
나 진정한 자기 자신과 대화를 나누지 않는다. 그냥 하루하
루 흘려 보내기 바쁘다.

한날한시를 살아도 그 시간을 자기 성찰과 영적 성장을 위해 쓴다면 그것은 허무하게 보낸 몇 년보다 더 가치가 있다. 당신은 자신의 삶을 얼마나 깊이 있게 고민해 보았는가. 당신은 진정한 자기 자신과 얼마나 대화를 나누어 봤는가. 당신은 자신의 삶을 스스로 조명해 봤는가. 당신은 오늘 세상이 끝나더라도 후회하지 않을 만큼 매 순간에 충실했는가. 고요한 마음을 가진다는 것은 자기 자신과 충분히 시간을 보냈다는 것이다. 무엇을 좋아하고 무엇을 싫어하는지 혹은 자신이 어떤 결핍이 있고 그것을 어떻게 극복할 것인지 충분히 대화 나눴다는 뜻이다. 단순히 오래 사는 것은 의미가 없다. 그것보다는 깊이 있고 의미 있고 고요한 마음과 더 풍부한 자신으로 하루를 살아가는 것이 낫다. 이제는 나 자신과 시간을 보내면서 고요한 마음을 갖출 때다.

54

" 연못에 핀 연꽃은 진흙 속에 살면서
진흙의 더러움에 물들지 않는다. "

- 석가모니 -

■ **물들지 않는 삶**

7월에서 8월이면 예쁜 연꽃을 볼 수 있다. 활짝 핀 홍색
또는 백색의 꽃을 보고 있으면 마음이 편안해진다. 워낙 맑
고 순수한 꽃이기 때문에 많은 사람이 오해를 한다. 깨끗
한 물에서 자랄 거라고 생각하는 것이다. 하지만 연꽃은 연
못처럼 진흙이 많은 곳에 뿌리를 내리고 꽃을 피운다. 진흙
속에서 자라지만 항상 깨끗하고 순수한 상태를 유지하는
것이다.

사람은 살아가면서 수많은 유혹을 마주한다. 소셜 미디어와 인터넷의 발달로 다양한 생각과 문화를 접한다는 것은 좋은 점이지만 반대로 쏟아져 나오는 정보와 의견 속에서 자신의 중심을 잡는 게 쉽지 않다. 내가 아무리 옳다고 생각하는 것이 있어도 누군가가 빨리 성공을 했다는 소식을 들으면 나도 한번 해볼까? 생각이 드는 것이 사람이다. 하지만 연꽃이 진흙 속에서도 자신의 아름다움을 유지하듯이 부정적인 외부 요인들로부터 자신을 보호하고 내면의 순수함과 평화를 유지해야 한다.

주변 환경에 쉽게 물들면 자기 자신의 가치를 명확히 하지 못한다. 명확히 하지 못하면 선택의 기준이 흐려지며 일상에서 중대한 결정을 내릴 때 그것이 자신의 의지가 아닌 타인에게 물들어서 하는 선택이 될 수 있다. 좋은 결과가 나오든 나쁜 결과가 나오든 그 선택의 중심에는 내가 있어야한다. 내 삶이 만족스럽든 만족스럽지 못하든 그 중심에는 내가 있어야 한다. 어떤 외부 환경에서도 자신의 본질을 지키며 살아갈 수 있도록 내면의 순수함과 평화를 유지해야한다. 우리 모두가 자신만의 연꽃이 될 수 있도록 말이다.

55

" 깊은 물과 얕은 물은 그 흐름이 다르다.
바닥이 얕은 개울물은 소리내어 흐르지만
깊고 넓은 바다의 물은 소리 없이 흐르는 법이다. "

- 석가모니 -

■ 진짜는 조용하다

옛날에 한 왕이 신하들을 한자리에 모이게 했다. 왕 바로
옆에서 보필해 주던 충신이 병세가 악화되어 세상을 떠난
것이다. 왕은 누가 자신을 잘 보필할 수 있을지 시험 해보고
싶었다. 수많은 신하들에게 말한다.

"여기서 누가 가장 지혜로운 사람인가?
누가 나를 가장 잘 보필할 수 있겠는가?"

왕의 말이 끝나자마자 신하들은 그동안 자신이 공부해 온 지식으로 논리적인 주장을 펼치기 시작했다. 자신은 이런 사람이고 이만큼 알고 있다며 견해를 펼치며 서로를 이기려고 애썼다.

시간이 지나자 신하들의 목소리는 더욱 커지기 시작했다. 이제는 누가 무슨 이야기를 하는지 들리지 않을 지경이었다. 하지만 그 속에서 한 신하는 아무런 말도 하지 않고 계속 하늘만 보고 있었다. 왕은 그 모습을 이상하게 여겼다.

"너는 왜 아무런 말도 하지 않고 하늘만 보고 있는 게냐."

"비가 올 것 같습니다, 폐하. 높은 자리에 오를 사람을 뽑는 것도 좋지만 한 번 비가 내리면 많이 내릴 거 같으니 이만 들어가시는 게 어떠실지요. 혹여나 감기에라도 걸리신다면 그것만큼 큰일이 있겠습니까."

하늘은 당장이라도 비를 쏟아낼 것처럼 점점 먹구름으로 가득찼지만 많은 신하들은 자신이 가진 것을 내세우느라 곧 비가 내릴 거라는 사실을 알지 못한 것이다. 왕은 하늘만 바라보고 있던 신하가 가장 어진 사람이라고 생각하여 그를 자신의 옆에 둔다.

흔히 가짜라고 불리는 사람들, 허세를 부리고 내면이 비어있는 사람들은 대부분 시끄럽다. 그들은 자신의 진짜 모습이나 능력만으로는 충분한 관심을 받지 못할 거라는 걸 알기 때문에 과장된 말과 행동으로 다른 사람들의 시선을 끈다. 더 크고 더 강하며 더 확신에 찬 척 하면서 자신의 약점을 숨기는 것이다. 하지만 진짜는 조용하다. 자신의 깊이를 이해하고 자신의 내면을 들여다보고 자신의 장점을 명확하게 알고 있는 사람은 외부 세계의 소란에 휘둘리지 않는다. 가진 것이 많고 아는 것이 많기 때문에 오히려 더 조용하다. 그 누가 자신을 알아주지 않더라도 이미 자신만으로 충분하기 때문이다. 자신의 가치와 능력을 잘 알고 있기 때문에 굳이 목소리를 높여 말하지 않아도 괜찮다. 빈 수레가 요란하다는 말처럼 바닥이 얕은 개울물은 소리 내며 흐르지만 깊고 넓은 바다의 물은 소리 없이 흐르는 법이다. 가짜는 시끄럽고 진짜는 조용하다.

56

" 사람들은 남의 과실에 대해서 말하기 좋아하지만 자신의 과실은 기를 쓰고 감춘다. "

- 석가모니 -

■ 남의 과실과 자신의 과실

자신이 잘못한 것과 타인이 잘못한 것 중에서 어떤 것에 더 강한 에너지를 쓸까?

대부분은 타인이 잘못한 것에 훨씬 더 많은 에너지를 사용한다. 인간은 본능적으로 자신의 실수와 결점을 감추려는 경향이 있다. 다른 사람의 결점을 강조하는 이유는 자신의 우월감을 확보하려는 욕구에서 비롯된다. 타인의 실수나 잘못을 부각시키면서 상대적으로 자신의 위치를 높이고 싶어

하는 것이다. 흔히 볼 수 있는 방어 기제다. 자신의 취약성을 감추고 자아를 보호하는 방법이다.

　타인의 잘못에 목소리를 높이는 것은 일종의 연대감을 형성하는 행위가 될 수 있다. 집단 내에서 한 사람을 여러 사람이 동시에 비판한다고 가정해 보면 그 과정에서 비판하는 사람들끼리 일종의 연대감을 형성하거나 사회적 지위를 확립할 수 있다. 지극히 본능적인 것이라고는 하지만 자신의 실수를 인정하고 개선하기보다는 타인의 오류에 집중하는 것은 큰 문제가 있다. 단기적으로는 자신을 보호할 수 있지만 멀리 보면 성장할 수 있는 기회 자체를 막는 것이 된다. 인간의 자아는 자신을 긍정적으로 보려는 경향이 있다. 그렇기에 자신의 실수나 결함을 인정하는 것은 자아에 대한 위협으로 느껴질 수 있고 실수했다는 것을 받아들이는 것 자체가 어렵게 느껴질 수 있다. 하지만 매번 변명을 찾거나 잘못을 외부 요인으로 돌리고 타인의 실수에만 관심을 둔다면 나를 개선할 수 있는 기회가 사라진다. 영원히 문제가 반복되는 것이다.

자신을 개방하고 취약점을 인정하는 것은 용기가 필요한 일이다. 용기가 필요한 일은 보상이 따른다. 그 보상은 더 건강하고 더 성숙한 나 자신이 될 수 있다는 것이다. 타인의 과실에 대해서 이야기 하기 보다는 나의 과실에 집중하자. 성장할 수 있는 기회다.

57

" 겉모습이 그럴듯하다고 해서 다 좋은 사람은 아니다.
그 뜻이 청정하고 정직해야 좋은 사람이다. "

- 석가모니 -

■ **진정한 가치**

우리가 누군가를 처음 만났을 때, 그 사람이 어떤 사람인
지 판단하는데는 많은 시간이 필요하지 않다. 외형적 요소
로 첫인상을 빠르게 판단한다. 자신도 모르게 외형적인 모
습에 크게 의존한다. 많은 미디어와 대중 문화는 외모, 성
공, 물질 등 외형적 지표를 과도하게 강조하는 경우가 많다.
자주 접하는 것이 그런 거다 보니 종종 사람들의 성공과 가
치 판단은 외형적인 것에 치우친다. 이뿐만이 아니다. 사람
들은 점점 더 단순하게 생각하고 싶어한다. 안 그래도 세계

가 복잡하기 때문에 고민까지 오래 하고 싶어 하지 않는다. 모든 해답을 빠르고 간단하게 얻길 원한다. 그런 이치에 어울리는 것은 외형이다. 쉽게 보이고 쉽게 느낄 수 있으며 즉각적인 평가의 기준으로 삼을 수 있기 때문이다.

마음은 눈에 보이지 않는다. 마음을 들여다보기 위해서는 많은 시간이 필요하다. 간단한 해답을 원하고 깊이 생각하지 않는 현대인에게 마음이란 느리고 복잡한 것이다. 그렇기에 어떤 한 사람을 놓고 그 사람이 좋은 사람인지, 그렇지 않은 사람인지 판단하는데는 외형적인 요소가 가장 중요해진다. 하지만 외형적인 모습으로 알 수 있는 그 사람의 품성, 마음의 크기, 본질적인 의도는 극히 제한적이다. 품성, 온화함, 자비, 건강한 본질 이런 것들은 다 마음 안에 있기 때문이다. 문제는 외형적인 것에 사로잡혀서 어떤 한 사람을 이미 좋은 사람이라고 판단 내리면 정작 중요한 마음을 잘 들여다보지 못하게 된다. 겉모습에 속는다.

외형과 본질 사이에는 명확한 차이가 있다. 아무리 말끔하고 멋있는 사람일지라도 마음이 정직하지 못하면 좋지 못한 사람이다. 나에게 잘해주는 척 하지만 그 의도가 청정한 것이 아니라 불순한 마음이 섞여 있다면 그 역시 옳지 못한 것이다. 만약 어떤 왕이 말을 무척 잘 한다고 가정해 보겠다. 백성들을 현혹 시키고 백성들의 마음을 움직이는 힘이 있을 것이다. 왕의 모든 말, 행동은 마치 백성을 위해서 희생하는 듯하지만 사실 알고 보면 모두 자신의 이익을 위해서 움직이고 있는 걸 수도 있다. 반대로 말은 좀 어눌하고 표현이 어색한 왕이 있다. 하지만 그 왕은 아침에 일어나서 잠들 때까지, 혹은 비가 오나 눈이 오나 백성 걱정에 잠을 설치는 사람이다. 그렇다면 그 왕의 겉모습은 그리 좋아 보이지 않을 수 있으나 마음이 깨끗하니 결국 백성을 위한 일을 할 것이다. 겉모습에 속지 말아야 한다. 겉모습이 중요한 것이 아니라 그 사람의 내면이 중요한 것이다.

58

" 의심처럼 무서운 것은 없다.
의심이란 분노를 일으키게 하는 근본요인이다. "

- 석가모니 -

■ 의심의 위험성

사람이 다른 사람을 해하는 일은 이유를 막론하고 용서받을 수 없는 일이지만, 그중에서도 특히 커다란 허망함과 분노를 불러일으키는 일들이 있다. 바로 의심에서 비롯된 살생이 그렇다.

하루가 멀다 하고 의심 때문에 죽고 죽인다. 배우자가 불륜을 저지르고 있다는 증거도 없는 생각에 괴로워하다가 결국 사랑해 마지않았던 사람을 해친다. 나를 대하는 표정과 말투만을 보고 무시당했다고 함부로 판단해 죄 없는 사람의 목숨을 빼앗는다. 사실 여부도 따지지 않고 그저 자기 생각에만 도취되어 그런 끔찍한 일을 벌이다니 세상에 이보다 무서운 일이 또 있을까.

　의심하는 마음만큼 무서운 것은 없다. 의심은 분노를 일으키는 가장 큰 요인이기 때문이다. 사람이 어떤 것에 대해 의심을 품기 시작하고 그 의심이 확신을 얻지 못하면, 의심하는 마음은 곧 분노로 변한다. 물론 의심으로만 그치는 경우도 있기는 있다. 내 생각이 의심에 불과했다는 것을 누군가가 적극적으로 해명하거나 명쾌한 증거가 나타나는 경우가 그렇다. 하지만 의심이 생겼을 때 마침 절묘하게 확신과 증거가 될 만한 것이 나타나는 일은 흔치 않고, 한 가지의 의심을 해결하기 위해선 때때로 백 가지의 해명이 필요하기에 대부분의 의심은 분노로 번지기 마련이다.

　또한 한 번 피어오른 분노는 그 의심을 증폭시킴으로써 악순환이 발생한다. 의심은 분노를 낳고 분노는 의심을 점점 더 확실한 사실로 믿게끔 만든다. 결국 한 개인으로서는 도저히 감당하지 못할 정도로 어마어마한 분노와 광기가 탄생하고, 바로 그 지점에서 돌이킬 수 없는 끔찍한 일이 일어나기도 하는 것이다.

　그러므로 의심하고자 하는 마음이 생긴다면, 가장 먼저 이 의심이 막연한 의심은 아닌지, 다른 사람의 시선과 마음으로 보았을 때도 이것이 의심할 만한 사안인지를 생각하면서 최대한 마음의 평정을 찾을 필요가 있다. 홧김에 일을 저질러 버린 뒤에는 아무리 후회하고 자책해 봤자 다시 돌아오는 것이 없기 때문이다. 이유도 없이 피어오른 의심의 위로 기름처럼 위험한 분노를 끼얹을 것인가, 물처럼 차분한 평정심을 끼얹을 것인가. 삶이라는 집을 지킬지 다 태워버릴지는 당신의 선택에 달려 있다.

59

" 친구나 주위 사람들을 너무 좋아하여
마음이 그들에게 얽매이게 되면
자신이 목적한 바를 이룰 수 없게 된다.
사람을 사귐에 있어 이런 부작용이 있다. "

- 석가모니 -

■ **사귐의 부작용**

사람을 사귀는 일은 즐겁다. 내가 나 자신을 알아가는 일
이 점점 질려가던 찰나에 마침 나타난 타인을 조금씩 알아
가는 일, 그 타인과 공통된 관심사에 관해 떠들며 먹고 마시
는 일은 가뭄 뒤에 내리는 비처럼 달콤하게만 다가온다. 내
가 이 세상에 존재하는 이유는 어쩌면 이렇게 사람들과 함
께하기 위해서가 아닐까 하는 생각마저 하게 된다.

하지만 그렇게 관계를 맺는 일에 익숙해질수록 어쩔 수

없이 나 자신에게는 소홀하게 된다. 물론 그 과정에서 나름의 뿌듯함과 행복감을 적당하게만 느낀다면야 좋겠지만, 문제는 그 행위에만 필요 이상으로 몰두한다는 데에 있다. 한번 내 마음에 들인 사람이니 그 사람이 도움을 필요로 하거나 더 잘되기를 바랄 때마다 앞뒤 안 가리고 챙겨주기에만 급급하고, 내가 목표로 정해두었던 일이나 나를 성장시키는 일들은 뒷전으로 미뤄두기만 하는 것이다. 그러다 어떤 사건이나 가치관의 차이 같은 것을 계기로 그 사이가 틀어지고 다시 각각의 개인이 되고 나면 그제야 후회하기 시작한다. 남에게 잘 보이고 그에게 도움을 줘야 한다는 것을 이유로 스스로를 너무도 안 챙겨주고 있었다는 차가운 진실을 뼈저리게 깨닫게 되는 것이다.

사람을 사귀는 일이 가져오는 부작용은 바로 이런 것이다. 낯선 즐거움에 취해있는 동안 나의 앞날은 생각하지 못하게 되어 그저 멈춰 서게만 되는 것. 그렇게 무엇보다도 귀중한 시간을 낭비하고 나를 천천히 불행하게 만드는 것.

그렇다고 해서 모든 관계로부터 독립되어 평생을 홀로 살아갈 수도 없는 일이다. 그러므로 중도, '모든 극단을 피하는 일'을 관계에도 접목시킬 필요가 있다. 나를 챙기는 일과 타인을 챙기는 일, 나를 알아가는 즐거움과 타인과 함께하는 즐거움 사이에서 적당한 중간점을 찾으며 나로서 또 누군가의 동료로서 살아가기 위해 부단한 공부와 노력이 필요하다.

타인은 즐거움을 주지만, 그러한 타인이 나의 삶을 책임져 줄 수는 없다.

60

"다른 사람에게 충고하고자 할 때에는
마음속으로 다음과 같은 다섯 가지를 유념해야 한다."

- 석가모니 -

■ 충고에 관한 다섯 가지 철칙

아무리 내 앞날만 걱정하기에도 바쁜 세상이고 애초에 남의 일에 참견하는 일을 즐기지 않는 성격이라고 할지라도 가끔은 누군가에게 충고의 말을 건네야만 하는 순간이 있다. 그 사람의 오늘이 나의 과거와 무척 닮아 있을 때가 그렇고 진심으로 그 사람이 잘되기를 바랄 때가 그렇다.

하지만 충고는 의외로 쉽지 않은 일이다. 나는 순수한 의도로 건넨 충고라도 할지라도 받아들이는 사람에겐 그렇게 느껴지지 않는다면 그것은 전혀 충고의 기능을 할 수 없게 되기 때문이다. 그러므로 누군가에게 충고의 말을 건네고자 할 때에는 급하게 날뛰는 마음을 조금이라도 가라앉히고 다음의 다섯 가지를 염두에 둘 필요가 있다.

1. 때를 가려야 한다

충고해도 좋을 만한 때는 따로 있다. 그러므로 만약 그때가 알맞지 않다고 판단될 땐 말하지 않는 편이 좋다. 상대방이 받아들일 준비가 되지 않았는데 건네는 충고는 충고가 아니라 자의식의 해소에 가깝다. 약도 받아들일 준비가 된 사람에게나 약이다. 그렇지 못한 사람에게는 낭비에 그치거나 오히려 독이 될 수도 있다.

2. 진실해야 한다

충고를 할 땐 늘 진심을 품고 거짓되지 않도록 애써야 한다. 상대방을 위한다는 이유로 일부러 더 모난 소리를 하는 것도 반대로 상대방을 변호하려 하는 것도 옳지 않다. 있는 그대로 내가 옳다고 생각하는 사실을 그대로 전해야 한다. 그것이 진정으로 상대방을 위하는 건강한 충고이기 때문이다.

3. 말투에 유념해야 한다

충고를 할 땐 늘 부드러운 말씨로 이야기하고 거친 말투는 피하는 게 좋다. 말이란 때로는 한 사람이 다른 한 사람에게 건네는 선물과 같기에 본질만큼이나 그를 포장하는 것도 중요하다. 아무리 좋은 내용의 충고라고 할지라도 그를 포장하는 어휘가 저급하면 상대방은 그것을 귀하게 받아들이지 않는다.

4. 필요한 말만 건넨다

지금 상대방에게 의미 있게 다가가는 일에 대해서만 이야기하고 무의미한 것들은 언급조차 하지 말아야 한다. 무의미한 일은 정말로 의미 있는 일을 알아보지 못하도록 하는 장애물이 된다. 그러니 정말로 상대방이 잘되기를 바라는 충고라면, 필요한 내용만 이야기하는 게 나를 위해서나 상대방을 위해서나 좋다.

5. 인자함을 유지한다

어떤 종류의 충고를 건네든 인자한 마음으로 이야기하고 절대 성난 마음으로는 말하지 않는다. 인자한 마음에서는 말하고자 하는 것 외에도 더 좋은 것들이 태어날 수 있지만, 성난 마음에서는 말하고자 하는 것과 반대되는 것들이 태어나 충고가 더는 충고가 아니게 만들 수도 있다.

말은 꺼내놓기만 하는 것이 능사가 아니다. 목표로 했던 대화가 있다면 그 대화가 끝까지 원했던 방향으로 흘러갈 수 있도록 하는 것도 매우 중요하다. 충고도 그렇다. 나의 입을 떠난 충고가 상대방의 가슴에 가서 닿는 순간까지도 건강한 충고로 있을 수 있도록 부지런히 그때와 방식을 신경 써야 한다. 바로 이런 고민들이 당신을 배울 점이 많은 어른으로 만들어줄 것이다.

61

" 몸은 마른 나무와 같고 화는 성난 불길과 같다.
화가 일어나면 남을 태우기 전에 먼저 자신을 태운다. "

- 석가모니 -

■ **분노라는 감정**

화는 인간이 가진 감정 중에 가장 격렬하고 파괴의 힘이 강한 감정이다. 분노의 주된 성분은 파괴다. 타인에게 행하면 타인을 파괴하고 나에게 행하면 나를 파괴한다. 누군가에게 분노의 마음을 품고 있기만 해도 이미 나는 내가 품은 화에 불타고 있는 것이다.

무언가에 화났을 때를 떠올려보면 쉽다. 심장 박동수가 올라가고 혈압이 상승하며 근육이 긴장한다. 엄청난 스트레스를 받을 뿐만 아니라 두통, 소화 문제, 불안 우울증 등 다양한 건강 문제를 유발한다. 제일 무서운 것은 분노도 습관이라는 것이다. 한 번 분노를 크게 느낀 사람은 지속적으로 분노를 느끼고 그런 분노는 한 사람을 불행하게 만든다. 이미 분노로 인해 불타고 있기 때문에 정상적인 판단이나 행동이 불가능한 경우도 많다. 어떤 일을 겪었을 때 가볍게 넘어갈 수 있는 일임에도 불구하고 화부터 나기 시작한다. 판단력을 흐리게 하고 감정에 치우친 결정을 내리게 하는 것이다. 분노가 사고방식을 지배할 때 공격적이고 위험한 행동을 한다. 스스로를 통제하지 못하는 모습을 보면서 자아역시 점점 부정적으로 바뀌어 간다.

이 모든 것이 마른 나무와 같은 몸에 화라는 성난 불길을 품고 있기 때문에 일어나는 일이다. 사랑하는 사람과 멀어졌던 기억을 떠올려봐도 좋을 것이다. 내가 잘못해서 누군가가 나를 떠난 적도 있지만 누군가가 나에게 잘못해서 그 사람에게 불같이 화를 내던 기억도 있을 것이다. 직장에서도 마찬가지다. 동료 때문에 혹은 상사 때문에 분노가 한 번 자리 잡기 시작하면 심한 다툼으로 이어진다. 쉽게 가라앉지 않는다.

퇴근길 도로에서 방향 지시등 없이 어떤 차가 내 앞에 끼어들었을 때 복수하겠다고 똑같이 운전을 거칠게 하는 사람이 있다. 그럼 과연 기분이 풀릴까? 내가 느낀 화로 그 사람을 태우고 나는 멀쩡해질 수 있을까? 아니다. 오히려 복수하겠다는 마음으로 운전을 격하게 하기 때문에 내가 사고날 확률만 올라가는 것이다. 분노만큼 위험한 것이 없다. 명상, 운동으로 마음을 관리할 뿐만 아니라 분노를 바라보는 시각 자체를 바꿔야 한다. 분노를 지혜롭게 다루는 사람이되어야 한다.

62

" 만약 모든 고뇌에서 벗어나고자 한다면
만족할 줄 알아야 한다. "

- 석가모니 -

■ 만족하며 사는 것

문명과 멀리 떨어진 곳에서 지내는 사람을 생각해 보자.
자연 속에서 평생을 살아온 그 사람은 그곳에서 계속 머무르
는 한 부족하거나 넘치는 일 없이 평화로운 삶을 살 것이다.

하지만 그가 어느 날 도시에 발을 들이게 된다면 이야기
는 달라진다. 지금까진 단 한 번도 접해보지 못했던 화려한
옷과 음식들, 혼자만의 힘으로는 절대 만들어내지 못했을
것들을 접하는 순간 충격적일 정도로 커다란 만족감에 휩

싸이게 되어 이전의 평화로운 일상들이 순간 아무것도 아닌 것이 되어버리기 때문이다. 그때부턴 나를 웃게 했던 모든 것이 오히려 나를 불행하게 만든다. 입는 것도 먹는 것도 사는 곳도 전부 마음에 들지 않는다. 나를 만족시키는 것은 오직 조금 전에 내가 경험했던 것 또는 그것보다 좋은 것뿐, 그보다 못한 것은 나를 비참하게 만들기만 한다.

아주 오래된 이야기로만 치부할 일이 아니다. 오늘날에도 이런 일은 비일비재하다. 인간이 만들어낸 가장 악랄한 물질 중 하나인 마약이 바로 그와 같은 불행을 가져온다. 마약은 사람의 몸이 받아들일 수 있는 쾌감의 상한선을 폭력적으로 부숴버림으로써 사용자에게 막대한 행복감을 선사하지만, 이후로는 해당 약물이 아닌 그 무엇으로도 만족감을 느끼지 못하게 만들어버린다. 여생을 욕망의 노예로 살아가도록 부추기는 것이다.

욕망은 고통의 근원이다. 크고 작은 욕망으로 인해 사람들은 끊임없이 만족을 찾지 못하고 고통받는다. 물질적이거나 정신적인 무언가를 끝없이 갈망하면서 그것을 얻지 못할 때마다 고통을 경험하는 것이다. 원하는 것을 얻었다고 하더라도 문제는 해결되지 않는다. 욕망의 대상 대부분은 그 만족감이 오래 지속되지 않거나 추후에 더 큰 욕망을 낳게끔 설계되어 있기 때문이다. 더 많은 돈, 더 커다란 쾌락, 더 높은 권력. 그러한 것들에는 끝이 없다. 만에 하나 끝이 있다고 할지라도 그곳에 닿기 전에 약하디약한 삶은 파멸을 맞는다.

그러한 인생의 비극을 피하기 위해서라도 우리는 진정한 만족의 의미를 깨우쳐야 한다. 만족을 안다는 것은 자신이 현재 가진 것에 감사하고 그것으로 충분함을 느끼는 태도다. 가지지 못한 것을 생각하기보단 가진 것을 들여다봐야 한다. 내가 지닌 것들로 하지 못하는 것을 생각하기보단 지닌 것들로 할 수 있는 것들을 생각해야 한다. 이러한 태도가 우리를 '무엇이 됐든 더 많이 필요하다'라고 외치는 욕망의 순환에서 벗어나게 하여 우리에게 내면의 평화를 가져다줄 것이다.

63

" 물은 둥근 그릇에 담으면 둥글게 되고
네모난 그릇에 담으면 네모가 된다. "

- 석가모니 -

■ 인식의 오류

컵에 담겨 있는 물은 어떤 모양일까? 당연히 컵 모양이다. 둥근 그릇에 담겨 있는 물은 무슨 모양일까? 둥근 모양이다. 네모난 그릇에 담긴 물은 당연히 네모로 보인다. 여기에는 인식 오류가 있다. 인간은 종종 세상에 존재하는 모든 것들에 고정된 속성이 있다고 착각한다. 컵 모양의 물, 동그란 물, 네모난 물은 물 자체의 고정된 모양이 아니라 물이 담기는 용기에 의해 달라지는 것이다. 물은 원래 모양이 없다. 자신의 인식과 경험을 통해 세상을 해석하는 인간이 자주 저지르는 실수다. 조건에 따라 다르게 나타나는 거지만 고정된 속성이 있다고 생각한다. 이러한 오류는 세상을 제대로 이해하는데 큰 방해가 될 수 있다. 이 오류는 사람에게도 그대로 적용되기 때문이다.

우리의 감각과 지각은 특정한 방식으로 정보를 처리하는 과정에서 왜곡된 현실을 만든다. 어떤 사람의 행동이나 성향에도 고정된 특성을 부여하기가 쉽다. 저 사람은 저런 사람이야. 이 사람은 이런 사람이야, 하고 고정된 속성을 부여해 버리는 것이다. 하지만 인간이 그렇게 간단한 존재인가? 나 자신만 생각하더라도 매번 바뀌지 않는가? 어느 날은 바다가 좋았다가 어느 날은 산이 좋은 게 인간이다. 하지만 어떤 한 사람이 산을 좋아한다고 말했다고 해서 저 사람은 무조건 산을 좋아하는 사람이라고 고정해 버리는 것은 옳지 못하다. 그러한 행위는 스스로의 인식을 제한해 버리는 꼴이 된다. 물은 실제로 모양이 없는 것을 이해하는 것처럼 세상을 더 넓은 시선에서 바라볼 필요가 있다. 확실하다고 생각했던 내 인식도 한계가 있다는 것을 인지하면서 말이다. 고정된 생각으로 세상을 바라보는 것은 편견을 형성할 뿐이다. 오해만 만들 뿐이다. 풍부하게 경험하기 위해서는 인식의 오류에서 벗어나야 한다. 진정으로 무언가를 이해하는 것은 열린 마음이다. 물처럼 우리의 마음도 형태가 없다. 내가 바라 보고 생각하고 느끼는 대로 만들어질 뿐이다.

64

" 홀로 앉아 있어라.
홀로 있을 때 즐거움이 찾아온다. "

- 석가모니 -

■ 혼자 찾는 내적 평화

지금 우리가 사는 세상은 모든 것이 연결되어 있다. 기술의 발전으로 스마트폰, 소셜 미디어, 메시지 앱 등은 사람들을 끊임없는 연결 상태로 만든다. 누군가의 생일을 기억하지 않아도 괜찮다. 수없이 연결된 기술이 알려준다. 사람들은 점점 정신적으로나 육체적으로 혼자 있는 시간이 줄어들기 시작한다. 소셜 미디어를 통해 타인의 삶을 관찰하고 자신의 일상을 공유하기 바쁘다. 지하철에 탄 사람들을 둘러보면 모두 다 똑같다. 전부 스마트폰만 바라보고 있다.

경쟁이 심화된 사회에서 혼자 있는다는 것은 도태된 것처럼 보인다. 온갖 모임에 적극적으로 참여해야 한다. 참여하지 않으면 도태될 것 같다는 압박을 느끼는 사람들이 많다. 이러한 사회적 분위기는 혼자 있는 시간을 부정적으로 느끼게 한다. 외롭다는 것은 두려운 감정이며 고독은 도태된 행위가 되는 것이다.

혼자 있는 시간이 없으니 자연스럽게 자신과 마주하는 시간이 줄어든다. 스스로와 함께하는 시간이 줄어들면 자기 자신을 이해하기 어려워진다. 문제는 그런 시간이 지속될수록 자신의 불완전함이나 결점을 직면하는 것 자체를 어렵게 느낀다는 것이다. 혼자 있을 때만 느낄 수 있는 내면의 소음과 부정적인 생각을 마주하면 피하고 싶어진다. 내면의 소음을 정리하고 부정적인 생각과 마주해서 극복할 때 한층더 나은 사람이 될 수 있음에도 불구하고 말이다.

혼자 있는다는 것은 고독하다는 것이다. 고독은 단순히 혼자 있는 상태를 넘어서 자신의 생각과 감정에 깊이 몰입할 수 있는 환경이다. 마음의 움직임을 관찰하고 일상생활에서 쉽게 놓칠 수 있는 깊은 진리를 발견하는 것은 혼자 있을 때 가능한 일이다. 자신의 내면과 마주하는 일은 때때로 불편하고 어려울 수 있다. 하지만 이 과정을 통해 자기 자신과 더 깊이 연결될 수 있으며 외부의 소음보다는 내면의 목소리에 더 귀 기울일 수 있다. 이것이야말로 진정한 즐거움 아니겠는가. 누군가를 이해하면 사랑하게 된다. 사랑하면 이해하고 싶어진다. 나 자신에게도 똑같이 적용해야 하는 마음이다. 나를 사랑하기 위해서 이해하는 시간이 필요하고 이해하다 보면 사랑스러워진다.

많은 요구와 기대로 가득 찬 현대인에게는 고독을 즐기는 것 자체가 도전이 될 수 있다. 하지만 도전은 언제나 결과를 가져오지 않는가. 혼자 있는 시간은 외로운 시간이 아니다. 고립이 아니다. 나 자신과 가까워질 수 있는 유일한 기회다. 그것으로부터 모든 즐거움이 시작한다.

65

> " 바다에 들어가지 않으면 진주를 얻을 수 없다.
> 번뇌의 바다에 들어오지 않으면
> 지혜의 보배를 얻을 수 없다. "

- 석가모니 -

■ 지혜를 찾을 수 있는 곳

고통은 아무런 좋은 거 없이 오로지 고통이라고 생각하는 사람들이 있다. 어려움은 그 자체로도 싫은 일이기 때문에 최대한 피하고 싶다고 생각하는 사람들이 있다. 그렇지만 피할 수 있는 존재가 아니다.

그 어느 누구에게도 좋은 일만 일어나지 않듯, 그 어느 누구에게도 나쁜 일만 일어나지 않는다. 인생은 고통, 갈등, 혼란이 섞여 있다. 번뇌를 피하겠다는 건 생로병사가 일어나지 않는다는 것과 똑같은 것이다. 번뇌는 인간의 본질적인 부분이다. 내 주변에서 그 어떤 일이 일어나지 않는다고 가정하더라도 번뇌는 일어난다. 내 안에 숨어 있는 깊은 욕망이 무언가를 갈망할 것이고 분노를 만들어 낼 것이다. 내 스스로 번뇌를 만들든 주변과 상호작용을 해서 번뇌를 만들든 번뇌가 나에게 생기든 계속 번뇌 속에서 살아가야 한다는 사실은 바뀌지 않는다.

번뇌는 단순한 고통이 아니라 지혜를 얻는 수단이다. 진주를 얻기 위해서 바다에 뛰어들어야 하듯이 번뇌 앞에서 용기를 가지고 마주해야 한다. 삶에서 일어나는 많은 고통과 어려움을 피하지 않고 직면할 때 지혜를 얻을 수 있다. 많은 사람이 고통을 피하려고 한다. 본능적인 행동이지만 번뇌를 피하는 것은 일시적인 것에 불과하다. 우리에게 무엇이 중요한지 알려주는 것은 고통이다. 무엇이 진정한 행복인지 알려주는 것은 고통이다. 고통은 가치관을 재정립하고 삶의 의미를 다시 생각하게 만든다. 이 과정에서 우리가 얻을 수 있는 것은 단순히 지식이 아니다. 삶을 관통하고 내 삶을 더 풍부하게 만들어주고 나를 둘러싼 주변 사람과의 관계까지 깊어지게 할 수 있는 지혜를 얻는다. 번뇌와 고통은 피해야 하는 것이 아니라 직면하고 이해해야 하는 것이다. 번뇌의 바다에 들어갈 용기를 마음에 품자. 그런 용기를 품는다면 언제나 지혜는 나의 편이다.

66

" 자주 날아다니는 새는
그물에 걸리는 화를 당하기 쉽고
가벼이 날뛰는 짐승은 화살에 맞기 쉽다.
그러므로 행동을 조심해야 한다. "

- 석가모니 -

■ 신중하게 행동한다는 것

현대 사회는 속도전이다. 모든 게 빠르다. 메시지를 쓰는 속도도 그것을 전송하는 것도 읽는 것도 빠르다. 기다림의 미학이 사라지고 있다. 사람들의 마음은 점점 더 여유가 없어진다. 여유가 없는 상태에서 빠르게 무언가를 하려고 하다 보면 문제가 생기기 마련이다. 그중에 가장 큰 문제는 신중하지 못하다는 것이다.

신중하다는 것은 단순히 위험할 일을 피하거나 실수할 일을 줄이는 것을 뜻하지 않는다. 내가 한 행동이 훗날 가져올 결과를 깊이 고려하는 것이다. 신중하다는 것은 내 행동이 다른 사람과 자신에게 미칠 영향을 이해하는 것에서 시작한다. 그래야 불필요한 위험을 피하고 더 나은 결과를 만들어 낼 수 있는 선택을 하기 때문이다. 신중하지 못한 선택의 반대말은 무모하고 충동적인 것이다. 무모하고 충동적인 선택을 내리고 좋은 결과가 나왔던 적이 있는가? 위험한 일이 생기지 않았던 적이 있는가?

무모하고 충동적인 선택을 내려서 이득을 본 경우도 있을 것이다. 하지만 이건 순전히 운이 좋았던 것이다. 무모하고 충동적이고 경솔한 행동은 좋은 일을 가져올 확률보다 안 좋은 일을 가져올 확률이 훨씬 높다. 그뿐만이 아니라 그런 선택을 반복해서 내리다 보면 내면의 평화가 깨진다. 빨리 결정하지 않으면 마음이 불안해지는 것이다. 불안은 생각을 흔들고 흔들린 생각은 경솔한 행동을 하기 쉬워진다. 아무것도 안 해서 생기는 문제보다 무언가를 해서 생기는 문제가 훨씬 많지 않은가. 무언가를 한다는 것은 행동한다는 것이고 올바른 마음으로 올바른 선택을 내리는 것이 그래서 중요한 것이다.

　빠른 결정이 필요한 사회라는 것은 부정할 수 없다. 하지만 그 속에서 신중한 마음을 가지고 빠르게 선택하느냐 그렇지 않느냐는 차이가 크다. 잠시 호흡을 가다듬을 때다. 과연 이 행동이 훗날 어떤 결과를 가져올지 깊게 고민하자. 그것부터 시작하면 된다.

67

" 수천의 생을 반복한다 해도 사랑하는 사람과
다시 만날 수 있는 가능성은 아주 드물다.
그러니 지금 후회 없이 사랑하라.
사랑할 시간이 그리 많지 않다. "

- 석가모니 -

■ 사랑할 시간

사람은 망각의 동물이다. 조금만 익숙해지면 잊어버린
다. 날씨가 조금만 따뜻해도 내가 언제 그렇게 추워했나 싶
을 정도로 기억이 나지 않는다. 조금만 배부르면 배고팠을
때의 간절함을 잊는다. 허기만 채우면 무엇이든 다 할 수 있
을 거라고 다짐했지만 허기가 채워지고 나면 눕고 싶어지는
게 사람이다. 인생이 영원할 거라 생각하고 주위에 있는 것
들의 소중함을 잊는다. 조금만 익숙해지면 선물 같던 일도
지루한 일상이 된다.

삶에 있어서 그 어떤 것도 영원하지 않고 확실하지 않다. 자신이 언제 죽을지 아는 사람이 있는가? 내 주변에 있는 사랑하는 사람들이 언제 세상을 떠날지 정확히 아는 사람이 있는가? 다툴 시간이 어디 있는가. 사랑하는 사람을 미워할 시간이 어디 있는가. 사랑하는 사람과의 만남은 귀한 것이다. 우주의 광대함 속에서 두 영혼이 만나 서로를 알아보고 사랑하게 되는 일은 거의 기적에 가깝다. 하지만 조금만 익숙해지면 그 존재의 귀함을 잊는다. 소중해야 하는 관계가 익숙해지고 사랑해야 하는 시간에 사소한 다툼과 오해로 시간을 낭비한다.

불확실한 미래와 되돌릴 수 없는 과거 사이에서 내가 영향을 미치고 바꿀 수 있는 건 현재밖에 없다. 사랑하는 사람과 함께 있는 지금 이 순간을 최대한 즐겨야 한다. 서로를 알아가고 서로를 이해하고 서로를 존중하는데 시간을 보내야 한다. 많은 사람의 아침이 그러하였을 것이다. 아침에 일어나 가족과 마주치더라도 익숙한 일이니 흔하게 지나쳤을 것이다. 사랑하는 사람이 힘들다면서 전화를 걸어도 익숙한 일이니 적당히 대답했을 것이다. 학교에 가는 자녀에게 잘

다녀오라는 말을 해줬을 수는 있어도 한번 안아주지는 못했을 것이다. 오랜만에 만나는 벗에게 늘 익숙하다는 이유로 요즘 무슨 일 없냐는 질문을 건네지 않았을 것이다. 사랑할 시간이 그리 많지 않다는 것을 깨닫는 건 진정으로 사랑하는 방법을 배우는 것과 같다. 진실된 삶을 살 수 있는 유일한 방법 중 하나다. 수천의 생을 반복한다 해도 사랑하는 사람과 다시 만날 수 있는 가능성은 아주 드물다. 그러니 지금 후회 없이 사랑하라. 사랑할 시간이 그리 많지 않다.

석가모니 인생수업
: 석가모니가 세상에 남긴 삶의 지혜

© 석가모니 저 | 김지민 엮음

초판 1쇄 • 2024년 5월 16일
초판 6쇄 • 2025년 5월 7일

지은이 • 석가모니 저 | 김지민 엮음
펴낸이 • 김영재
마케팅 • 염시종, 고경표
디자인 • 염시종, 차소정
펴낸곳 • 주식회사 하이스트그로우
출판등록 • 2021년 5월 21일 제2021-000019호
제작처 • 넥스트프린팅
이메일 • highest@highestbooks.com
ISBN • 979-11-93282-11-3